성악가를 위한

스페인어 딕션

김미성 지음

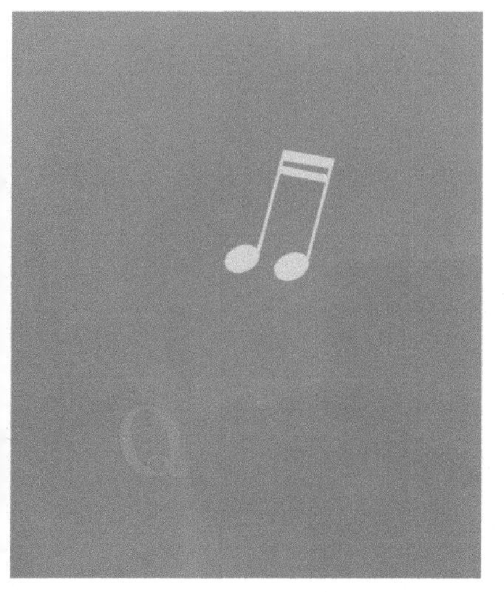

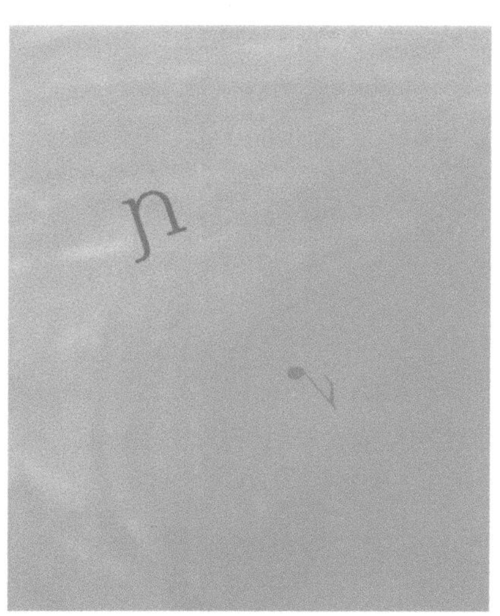

GS인터비전

머 리 말

이 책은 스페인 노래 부르기를 원하는 독자를 대상으로 쓴 딕션 책으로서 책에 나오는 발음들은 스페인어가 갖고 있는 많은 변이음 중에서 노래 부를 때 전달이 잘 되는 변이음들을 우선적으로 선택하여 설명을 하고 있다. 이렇게 선택한 이유는 경우에 따라 변하는 철자의 변이음들을 다 설명하게 되면 발음 기호가 너무 복잡해지고 처음 스페인어를 접하는 독자들에게 혼동만 갖다 줄 것 같아서이다. 또한 그 수많은 변이음들을 국제 음성 기호로 설명하기에는 이 책의 목적에 비추어 볼 때 현실적으로 한계가 있기 때문이다.

이 책은 크게 이론과 실습으로 나뉘어져 있다. 이론 부분은 스페인어 모음과 자음에 대한 설명으로 모음은 'a, e, i, o u' 순서대로, 자음은 스페인어 알파벳 순서대로 되어 있으며, 스페인어 발음에 대한 독자들의 이해를 돕기 위해 우리말뿐만 아니라 성악 전공자에게 익숙한 이탈리아어, 독일어, 프랑스어, 영어 발음과도 비교하였다. 그리고 'll'나 'y'의 경우처럼 발음을 하나의 개념으로 단정지을 수 없는 자음들에 대해 부가적인 설명을 덧붙였다. 실습 부분에서는 스페인 가곡 20곡을 선정하여 악보와 함께 가사를 국제 음성 기호로 표기했으며, 가사에 나오는 뜻과 전체 해설, 그리고 작곡가에 대한 간략한 설명도 했다.

이탈리아어와 유사한 철자가 많아 이탈리아어 발음과 혼동하기 쉬운 스페인어 딕션을 독자들이 쉽게 이해하고 발음할 수 있기를 기대하며 최대한으로 간략하고 명료하게 설명하고자 했다.

다양하고 독특한 매력을 갖고 있는 스페인 가곡이 우리나라에서 관심을 끌며 연주가 점차적으로 늘고 있는 이때에 이 책이 스페인 가곡을 비롯해 사르수엘라(zarzuela), 합창 등 여러 장르의 스페인 성악곡들을 부르는 데 적으나마 도움이 될 수 있기를 진심으로 바란다.

저자 씀

일러두기

I. 스페인어에 대한 우리말 표기

1. 본문에서는 스페인 지역, 인명, 음악 양식 등의 명사를 스페인 발음에 가까운 우리말로 표기하였으나 우리말에 없는 스페인어 발음 즉, ‘ce[θe]’, ‘ci[θi]’, ‘z[θ]’나 ‘f[f]’ 또는 ‘r, rr[r]’ 등은 외래어 표기법에 따라 [θ]는 ‘ㅅ’, [f]는 ‘ㅍ’, [r]는 ‘ㄹ’로 표기했다.

   예) Andalucía(안달루시아), Albéniz(알베니스), Farruca(파루까)

2. 우리나라에서 대중들에게 잘 알려진 유명한 사람인 경우, 그의 이름을 스페인 발음에 가까운 우리말로 표기하지 않고 일반적으로 알려진 인명으로 표기했다.

   예) 베케르(Bécquer): 벡께르가 스페인발음에 가깝다.

3. 자음 'll' 경우, 스페인 특정 지역을 제외한 마드리드를 비롯해 많은 지역에서 'll'를 자음 'y' 처럼 발음을 하여 '야, 예, 이, 요, 유'로 써야 겠으나, 이 책이 딕션 책인것을 감안해 'll'의 발음기호인 [ʎ]의 발음대로 쓰기로 했다.
   즉, [ʎ]가 우리나라의 '랴, 례. 리, 료, 류'와 발음이 유사하여 '랴, 례, 리, 료, 류'로 썼다. 단 예외적으로 우리나라에서 많이 알려진 작곡가 Falla의 경우 이미 '파야'로 쓰인 경우가 많아 '팔랴(파야)' 라고 두 개의 발음으로 썼다.

II. 기호

1. 국제 음성 기호와 함께 쓰인 기호 [‿]은 음절 끝의 모음이나 자음의 철자가 뒤에 오는 철자와 같을 경우 하나로 연결해서 발음하라는 표시이며, 음절 끝의 모음이 뒤에 오는 모음과 이중 모음을 형성할 경우 뒤의 모음과 연결해서 발음하라는 표시이다.

   예) linda amiga [línda‿amíga], tan niña [tán‿níɲa], la luna y [la lúna‿i̯]

2. 기호 [_]은 단어가 자음으로 끝나고 그 뒤에 모음으로 시작되는 단어가 올 때 마지막 자음을 뒤의 모음에 살짝 붙여서 발음하라는 표시이다.

예) tus ojos[tus_ óxos]

III. [n]과 [m], [ɾ]와 [r] 발음이 다 허용되는 경우

가곡의 가사를 국제 음성 기호로 표기하는 부분에서 [n]과 [m], [ɾ]와 [r]가 다 허용되는 경우, 가사의 전달 성을 의식하여 두 발음 기호를 다 쓰지 않고 [m] 또는 [r]로만 표기했다.

예) en mí[em‿mí], dar[dár], besarte[besárte]

차　　례

스페인어 1

스페인어를 스페인어로는 에스빠뇰(español) 또는 까스뗄랴노(castellano)라고 하며 한자로는 서반아어(西班牙語)라고 한다.

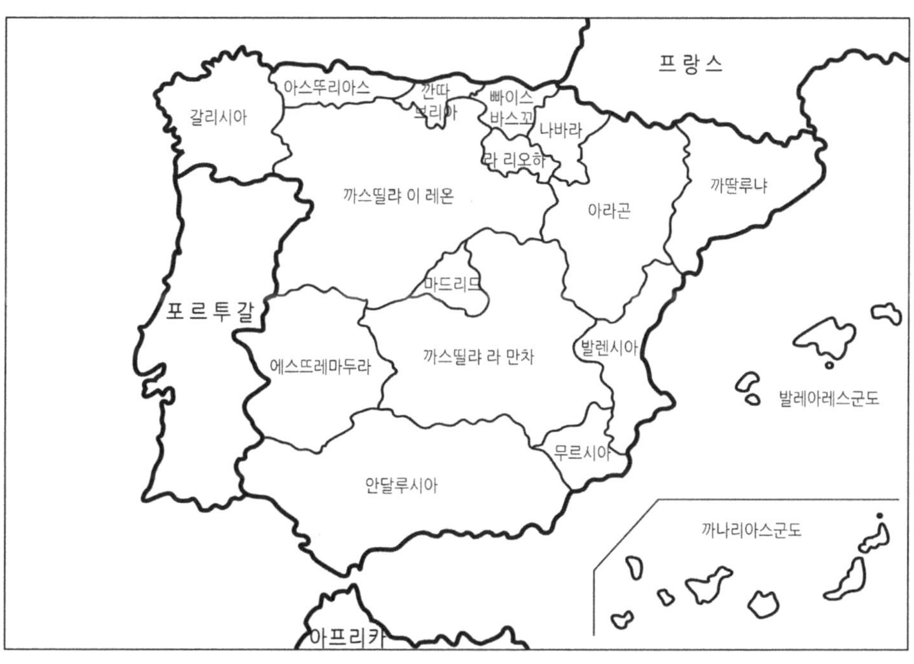

Ⅰ. 스페인어와 라틴어

스페인어는 이탈리아어, 프랑스어, 포르투갈어, 루마니아어 등과 같이 라틴어에서 파생된 언어이다. 스페인은 기원 전 3세기~기원 후 4세기까지 600년 동안 로마의 통치를 받았으며, 그 과정에서 스페인 사람들은 점차적으로 통속 라틴어(latín vulgar)를 사용하게 됐다. 이 통속 라틴어가 오늘날의 스페인어의 모체가 되었다.

Ⅱ. 스페인에서 쓰이는 기타 공용어

스페인어는 스페인 영토 내에서 사용하는 공식 언어이지만, 이와 더불어 각 지방의 고유 언어를 함께 사용하는 경우도 있다. 스페인어와 함께 사용되는 공용어로는 까딸루냐, 발레아레스 제도, 그리고 발렌시아에서 사용하는 까딸란어(catalán)와 갈리시아 지방에서 사용하는 깔례고어(gallego)와 바스꼬 지방과 나바라 지방의 에우스께라어(euskera)가 대표적이다.

Ⅲ. 스페인 가곡을 부를 때 주의할 점

스페인 가곡 중에는 스페인어가 아닌 특정 지방에서 쓰는 공용어로 된 가곡들이 다수 있기 때문에 어떤 언어로 쓰여 있는지 확인해야 한다. 그래서 까딸란어나 갈레고어 또는 에우스께라어 등 다른 공용어로 쓰인 가곡들을 스페인어로 발음하는 실수가 없어야겠다.

Ⅳ. 스페인과 중남미(라틴 아메리카, América latina)

스페인어는 중남미 대부분의 나라에서도 공용어로 사용하는데, 이는 1492년, 당시 스페인 국왕이던 페르난도 2세왕(Fernando II de Aragón, 1452~1516)과 이사벨 여왕(Isabel I de Castilla, 1451~1504)의 후원 하에 콜럼버스(Cristoforo Colombo, 1451?~1506)가 신대륙을 발견한 것이 그 직접적인 계기가 되었다.

중남미에서 스페인어를 공용어로 쓰는 국가는 과테말라, 니카라과, 도미니카 공화국, 멕시코, 베네수엘라, 볼리비아, 아르헨티나, 에콰도르, 엘살바도르, 온두라스, 우루과이, 칠레, 코스타리카, 콜롬비아, 쿠바, 파나마, 파라과이, 페루, 푸에르토리코이다.

Ⅴ. 중남미 작곡가의 스페인 가곡 부를 때 주의할 점

스페인어로 된 가곡 중에는 중남미 태생의 작곡가가 작곡한 가곡들도 있기 때문에, 이러한 가곡들을 부를 때는 일반적으로 스페인식 스페인어 발음이 아닌 중남미식 스페인어 발음으로 부르는 것이 원칙이다.

또한 스페인어를 많이 사용하는 미국의 경우, 멕시코를 비롯한 중남미의 여러 나라들의 영향으로 대체적으로 중남미 스페인어를 사용하기 때문에 미국 성악곡 중 스페인어가 나오면 중남미식 스페인어 발음으로 불러야 하는 경우가 일반적이다.

2

스페인어의 알파벳(El alfabeto español)

모두 27개의 글자로 구성되어 있으며 이 중 모음이 5개 자음이 22개다.

	대문자	소문자	명칭	명칭의 발음 기호 표기	비고
1	A	a	a	[a]	
2	B	b	be	[bé]	
3	C	c	ce	[θé]	
	CH	ch	che	[t͡ʃé]	1994년부터 자음 'c'에 포함됐다.
4	D	d	de	[dé]	
5	E	e	e	[e]	
6	F	f	efe	[éfe]	
7	G	g	ge	[xé]	
8	H	h	hache	[át͡ʃe]	
9	I	i	i	[i]	
10	J	j	jota	[xóta]	
11	K	k	ka	[ká]	
12	L	l	ele	[éle]	
	LL	ll	elle	[éʎe]	1994년부터 자음 'l'에 포함됐다.
13	M	m	eme	[éme]	
14	N	n	ene	[éne]	
15	Ñ	ñ	eñe	[éɲe]	
16	O	o	o	[o]	
17	P	p	pe	[pé]	
18	Q	q	cu	[kú]	
19	R	r	ere	[éɾe]	단어 중간에서 'r'가 한 번일 때는 [éɾe]로 두 번일 때는 [ére]로 발음한다.
	RR	rr	erre	[ére]	

	대문자	소문자	명칭	명칭의 발음 기호 표기	비고
20	S	s	ese	[ése]	
21	T	t	te	[té]	
22	U	u	u	[u]	
23	V	v	uve, ve	[úße],[bé]	
24	W	w	doble uve, uve doble, ve doble	[ðóßle úße],[úße ðóßle],[bé ðóßle]	
25	X	x	equis	[ékis]	
26	Y	y	i griega, ye	[íɣɾjeɣa],[ʤé],[jé]	
27	Z	z	zeta	[θéta]	

3 조음 기관

조음 기관은 말소리를 만드는 데 쓰이는 기관으로 발음 기관 또는 음성 기관이라고도 한다. 좋은 발음은 여러 음성 기관의 정확한 움직임으로부터 나온다.

주요 조음 기관 및 관련 기관은 다음과 같다.

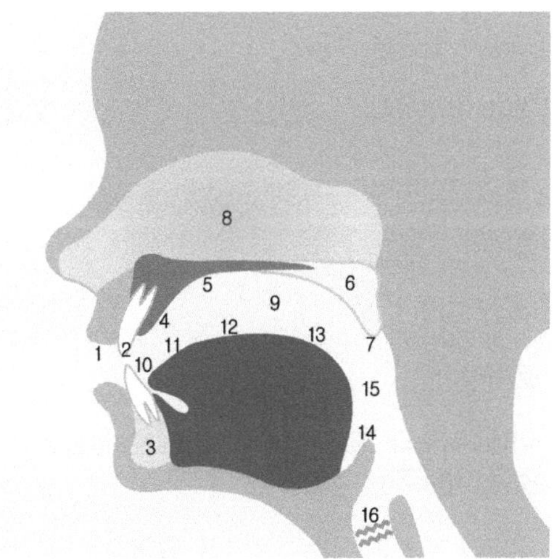

① 입　술 : 입술은 혀 다음으로 자유롭게 움직일 수 있는 기관이다.
자음을 발음할 때 윗입술과 아랫입술 또는 윗니를 마주 붙이거나 접근시키기도 하며 두 입술을 둥근 모습으로 만들기도 한다.

② 치　아 : 자음을 만들어 내는 데 있어 아랫니보다는 윗니의 역할이 더 크다. 혀 및 입술과의 관계에서 다양한 자음이 형성된다.

③ 턱 : 모음을 발음할 때는 턱이 내려가는 경향이 있고 자음을 발음할 때는 올라가는 경향이 있다.

④ 치 조 : 윗니 뒤쪽에 볼록 튀어나온 단단한 부분으로 윗니와 입천장 사이에 있다. 혀끝과의
(윗잇몸) 작용을 통해 자음을 만들어 낸다.

⑤ 경 구 개 : 윗잇몸 뒤의 단단하고 평평한 부분이다. 주로 전설 및 중설과 접촉하여 자음을 만들어 낸다.

⑥ 연 구 개 : 경구개 뒤의 부드러운 입천장 부분이다. 주로 후설과 만나 자음을 만들어 낸다. 연구개를 내리면 구개수도 같이 내려가 비음이나 비모음이 만들어진다.

⑦ 구 개 수 : 목젖은 연구개의 뒷부분에 달려 있다. '읍'이라고 발음할 때는 목젖이 연구개와 함
(목 젖) 께 위로 움직여 목구멍의 뒷벽에 붙어 비강으로의 공기의 흐름을 막고, '음'이라고 발음할 때는 연구개와 함께 목젖이 밑으로 움직여 비강으로의 공기의 흐름을 허용하게 된다.

⑧ 비 강 : 콧구멍에서 목젖 윗부분에 이르는 빈 곳으로 연구개에 의해 열리고 닫히기도 한다. 비음과 비모음에 울림을 준다.

⑨ 구 강 : 입안의 공명이 이루어지는 공간으로 혀의 위치에 의해 크기와 모양이 결정된다.

⑩ 혀 끝 : 혀[1])의 맨 끝 부분이다.

⑪ 전 설 : 혀의 앞부분이다.

⑫ 중 설 : 혀의 가운데 부분이다.

⑬ 후 설 : 혀의 뒷부분이다.

⑭ 후 두 개 : 혀뿌리의 아래 뒤쪽과 후두 입구에 자리한 돌출된 기관으로 음식물이 잘못 후두로 들어가는 것을 막아주는 역할을 한다.

⑮ 인 두 강 : 인두강은 혀뿌리 뒤쪽에 있는 공명이 일어나는 공간으로 크기와 모양은 혀의 위치에 의해 결정된다.

⑯ 성 대 : 서로 마주보고 있는 한 쌍의 근육이다.
성대의 진동 유무에 따라 유성음과 무성음이 되며, 성대의 길이와 진동 수에 따라 소리의 높이가 결정되고, 성대의 진동 폭에 따라 소리의 크기가 결정된다.

1) 혀는 조음 기관 중 가장 자유롭게 움직일 수 있는 기관이다. 혀의 위치에 따라 모음의 음가가 달라지며 혀의 어느 부위를 어느 조음 기관에 대거나 접근시키느냐에 따라 다양한 자음이 만들어진다.

모음(Vocales)

4

구강 내에서 공기의 흐름이 방해를 받지 않고 자유롭게 통과하여 만들어지는 소리로 기본적으로 유성음이다. 모음은 음절의 중심(음절 핵)이 되며, 모음 홀로 하나의 음절이나 낱말을 이룰 수 있다.

Ⅰ. 모음의 개념과 분류

언어에서 기본적 모음 체계는 다음 3가지 방식으로 구성된다.

1. 혀의 높이

고모음	혀가 입천장 가까이 올라가서 발음되는 모음.	i[i], u[u]
중모음	혀의 위치가 높지도 낮지도 않은 상태에서 발음되는 모음.	e[e], o[o]
저모음	혀의 조음 위치가 낮아지면서 발음되는 모음.	a[a]

2. 혀의 앞뒤 위치

전설모음	전설과 경구개 사이에서 발음되는 모음.	i[i], e[e]
중설모음	중설과 구개 중앙부와의 사이에서 발음되는 모음.	a[a]
후설모음	후설과 연구개 사이에서 발음되는 모음.	o[o], u[u]

3. 입술 모양

원순모음	입술이 둥글게 오므라지면서 발음되는 모음.	o[o], u[u]
비원순모음	입술이 양옆으로 퍼지면서 발음되는 모음.	a[a], e[e], i[i]

Ⅱ. 스페인어 모음과 발음

스페인어에는 다섯 개의 단순 모음[2])이 있다: a[a] e[e] i[i] o[o] u[u]

이 중 'a, e, o'는 강모음이고 'i, u'는 약모음이다.

각 모음의 조음 방법 및 여타 언어에서의 유사한 발음은 다음과 같다.

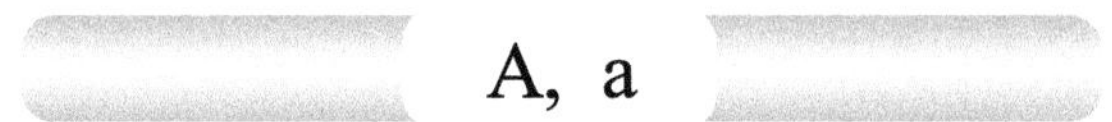

A, a

[a] **비원순 중설 저모음** (Vocal baja central no redonda)

혀가 입천장에서 많이 떨어진 상태에서 발음되는 모음이기 때문에 조음점과 입천장 사이의 공간이 다섯 개의 모음 중 가장 큰 모음(개모음)이다.

조 음 방 법 : 입술을 양옆으로 편 상태에서 혀는 구강 아래에 두고, 혀끝은 아랫니 뒤에 살짝 붙이면서 조음한다.

유 사 발 음 : 우리말의 모음 '아' 발음과 유사하다. 그 외 이탈리아어, 독일어, 프랑스어, 영어의 [a] 발음과 유사하다.

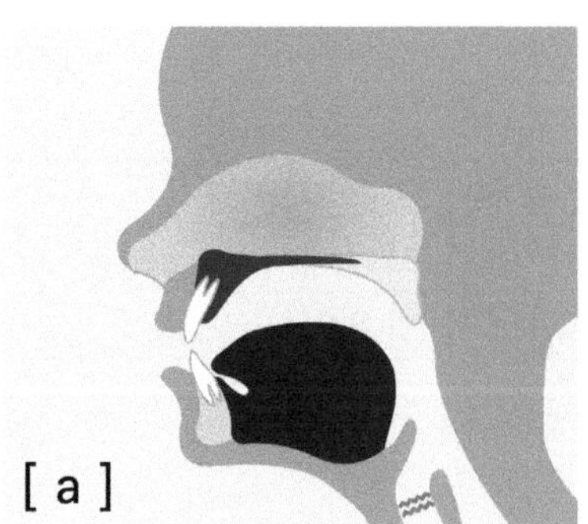

2) 단순 모음: 하나의 모음으로 이루어져 있어서 시작 부분과 끝 부분이 같은 음가로 발음된다.

E, e

[e] 비원순 전설 중모음(Vocal media anterior no redonda)

[a]보다는 혀와 구개 사이가 가까우나 [i]보다는 구개와의 공간이 더 큰 반개모음이다.

조음방법 : 입술을 양 옆으로 편 상태에서 혀 끝을 아랫니 뒤에 대고, 후설 양옆을 어금니에 붙임과 동시에 전설 안쪽을 경구개 쪽으로 조금 접근시켜 발음한다.

유사발음 : 우리말의 모음 '에' 발음과 유사하다. 그 외 이탈리아어, 독일어, 프랑스어, 영어의 [e]발음과 유사하다.

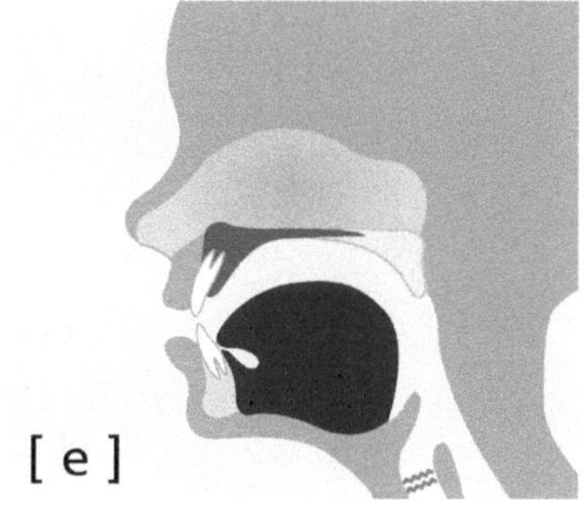

I, i

[i] 비원순 전설 고모음(Vocal alta anterior no redonda)

다섯 개의 모음 중에서 조음점과 입천장 사이가 가장 좁은 폐모음이다.

조음방법 : 입술을 양 옆으로 편 상태에서 혀 끝을 아랫니 뒤에 대고, 후설 양옆은 경구개에 넓게 붙이면서 전설 안쪽을 경구개에 접근시켜 발음한다.

유사발음 : 우리말의 모음 '이' 발음과 유사하다. 그 외 이탈리아어, 독일어, 프랑스어, 영어의 [i] 발음과 유사하다.

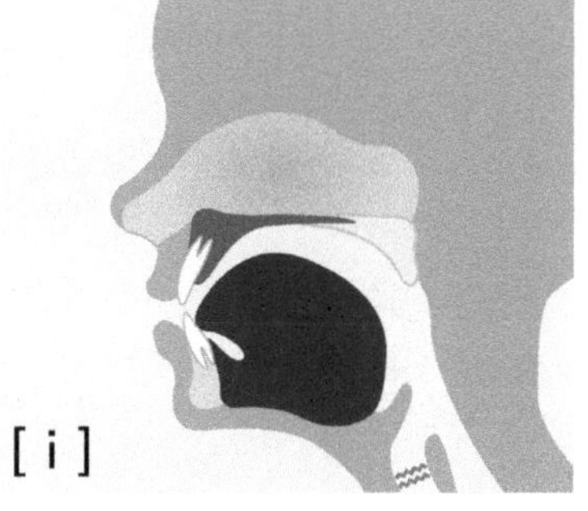

O, o

[o] 원순 후설 중모음(Vocal media posterior redonda)

[e]와 같은 반개모음이다.

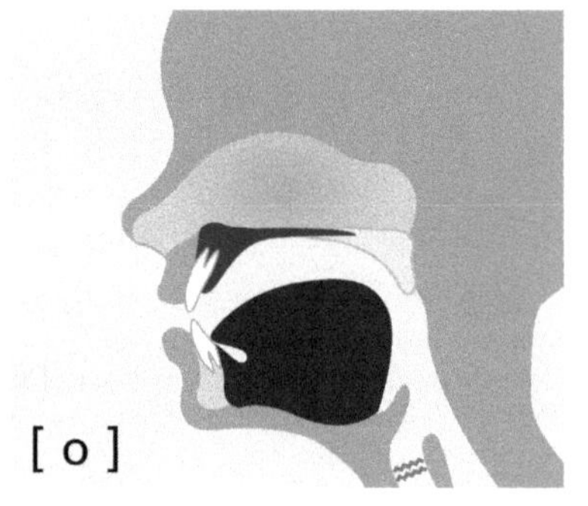

조음방법 : 입술을 둥글게 모은 상태에서 후설을 연구개에 접근시켜 발음한다. [u]보다는 연구개와의 공간을 더 두고 발음한다.

유사발음 : 우리말의 모음 '오' 발음과 유사하다. 그 외 이탈리아어의 [o] 발음과 유사하며 프랑스어의 'chose' 또는 독일어의 'Dose' 등의 [o]보다는 약간 더 열린 [o]이다.

U, u

[u] 원순 후설 고모음(Vocal alta posterior redonda)

[i]와 같은 폐모음이다.

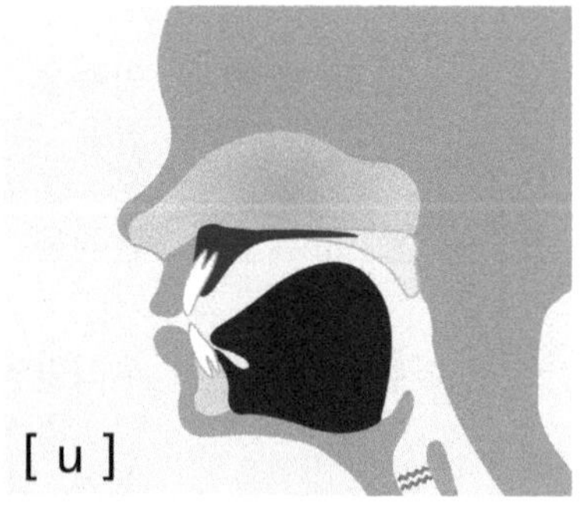

조음방법 : 입술을 둥글게 모은 상태에서 후설을 연구개에 접근시켜 발음한다.

유사발음 : 우리말의 모음 '우' 발음과 유사하다. 그 외 이탈리아어, 독일어, 프랑스어, 영어의 [u] 발음과 유사하다.

자음(Consonantes) 5

모음과는 달리 자음은 공기가 조음 기관을 통과할 때 여러 형태의 방해를 받으면서 만들어진다. 또한, 음절에서 음절 핵이 되지 못하고 주변 위치를 차지하고 있어 홀로 쓰일 수 없고 반드시 모음과 함께 쓰인다. 자음은 다음과 같이 분류할 수 있다.

Ⅰ. 자음의 개념과 분류

1. 성대 진동 유무[3]에 따른 분류 (Intervención de las cuerdas vocales)

무성	[p], [t], [k], [f], [θ], [s], [x], [ʧ]
유성	[b], [d], [g], [j], [ʤ], [m], [n], [ɲ], [ŋ], [β], [ð], [ɣ], [l], [ʎ], [ɾ], [r]

2. 조음점[4]에 따른 자음 분류(Punto de articulación)

양순음	아랫입술과 윗입술 사이에서 나는 소리.	[p], [b], [β], [m]
순치음	아랫입술과 윗니 사이에서 나는 소리.	[f]
치음	혀끝을 윗니 뒤쪽에 대거나 접근시켜 조음하는 소리.	[t], [d], [ð]

3) 조음할 때 폐로 올라오는 공기가 후두를 통과하는 동안 성대의 진동을 수반하는가 아닌가에 따라 무성음과 유성음으로 분류된다. 유성음과 무성음을 구별하는 방법 중 하나는 발음을 하면서 목의 앞부분에 손을 대고 진동이 느껴지는지 살피는 것이다.

4) 자음을 조음할 때 조음 기관의 막음이나 좁힘이 이루어지는 자리를 조음점 또는 조음 자리라고 한다.

치간음	혀끝을 윗니 아랫니 사이에 두고 조음하는 소리.	[θ]
치조음	혀끝과 잇몸 사이에 나는 소리.	[s], [n], [l], [ɾ], [r]
경구개음	혀를 경구개에 대거나 접근시켜 조음하는 소리.	[j], [ʧ], [ʤ], [ɲ], [ʎ]
연구개음	후설을 연구개에 대거나 접근시켜 조음하는 소리.	[k], [g], [ɣ], [x], [ŋ]

3. 조음 방식[5])에 따른 분류(Modo de articulación)

파열음	공기를 막았다가 터뜨리면서 내는 소리.	[p], [b], [t], [d], [k], [g]
마찰음	좁혀진 조음 기관 사이로 공기가 비집고 나오면서 마찰하여 나는 소리.	[f], [θ], [s], [j], [x]
파찰음	파열 뒤에 마찰이 뒤따르며 나는 소리.	[ʧ], [ʤ]
비음	코로 공기를 내보내어 비강이 울려지며 나는 소리.	[m], [n], [ɲ], [ŋ]
근접음	유성 파열음의 파열이 생기는 조음 위치 대신 그에 근접하는 위치로 조음 기관을 접근시켜 그 틈새를 통해 마찰되는 소리. 마찰음보다 마찰이 약하다.	[β], [ð], [ɣ]
설측음	혀를 경구개에 대고 혀의 양 옆으로 공기를 내보내며 내는 소리.	[l], [ʎ]
탄설음	혀끝을 윗잇몸에 대고 한 번 튀기면서 내는 소리.	[ɾ]
진동음	혀끝을 윗잇몸에 대고 순간적으로 여러 번 떨면서 내는 소리.	[r]

5) 조음 위치가 같은 자음들은 조음 방식에 따라 구별된다.

Ⅱ. 스페인어 자음과 발음

모두 22개의 자음이 있다: B, C(CH), D, F, G, H, J, K, L(LL), M, N, Ñ, P, Q, R (RR), S, T, V, W, X, Y, Z

각 자음의 발음 기호 및 변이음, 조음 방법, 철자 발음 규칙, 유사 발음은 다음과 같다.

B, b

[b] 유성 양순 파열음(Oclusiva bilabial sonora)

조음방법 : 양 입술을 닫으면서 공기를 입안에 가두었다가 양 입술을 떼어 공기를 터뜨려 내보내면서 발음한다.

유사발음 : '갈비', '단비' 등 유성음 사이에서 나는 우리말 'ㅂ'과 발음이 유사하다. 그 외 이탈리아어, 독일어, 프랑스어, 영어의 'b[b]' 발음과 유사하다.

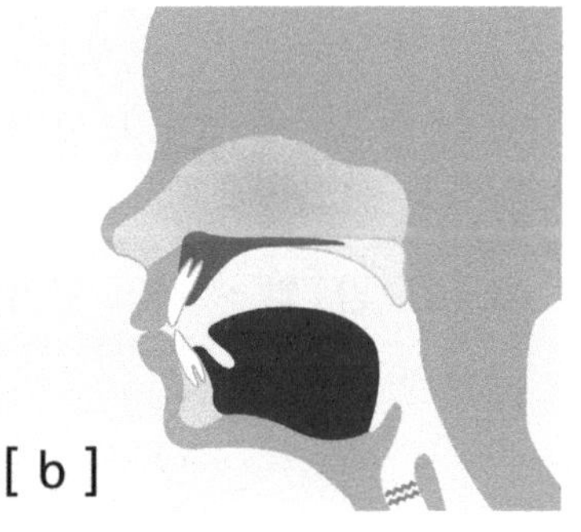

읽기연습 : ba[ba]/바/ be[be]/베/ bi[bi]/비/ bo[bo]/보/ bu[bu]/부/

C, c

뒤따르는 모음에 따라 [k] 또는 [θ]로 발음한다.

[k] 무성 연구개 파열음(Oclusiva velar sorda)

조음방법 : 후설을 올려 연구개에 닿게 하여 공기의 흐름을 막고 후설을 내리면서 막았던 공기를 터뜨려 내보내며 발음한다.

철자발음규칙 : ① 모음 'a, o, u'가 뒤에 올 때 (c + a, o, u): ca, co, cu
② 자음이 뒤에 올 때(c + 자음): cl, cr, ct 등

유 사 발 음 : 우리말의 'ㄲ'과 발음이 유사하다. 그 외 이탈리아어 'ca, co, cu, che, chi, qua' 등의 'c', 'ch', 'q'와 프랑스어 'ca, co, cou, que, qui' 등의 'c'와 'q' 발음과 유사하다.

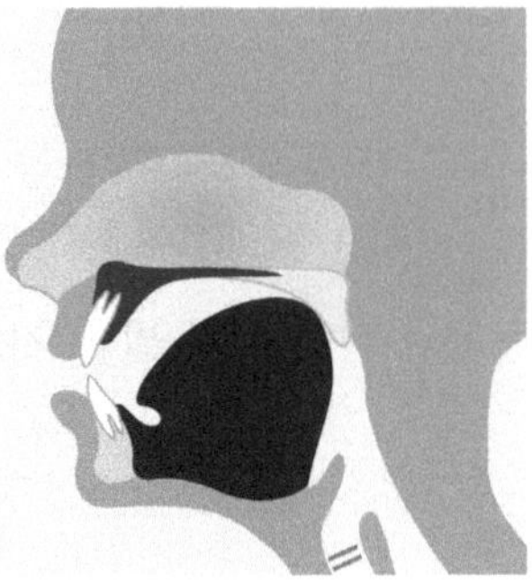

[k]

읽 기 연 습 : ca[ka]/까/ co[ko]/꼬/ cu[ku]/꾸/
cla[kla]/끌라/ cle[kle]/끌레/ cli[kli]/끌리/ clo[klo]/끌로/
clu[klu]/끌루/

[θ] 무성 치간 마찰음(Fricativa interdental sorda)

조 음 방 법 : 혀의 양옆을 위 어금니에 대어 공기가 나가지 못하게 막은 뒤, 혀끝을 윗니와 아랫니 사이로 내밀어 윗니에 살짝 갖다 댄다. 그 사이로 공기를 밖으로 내보내며 마찰시켜 발음한다.

철자발음규칙 : 모음 'e'와 'i'가 뒤에 올 때(c + e, i): ce, ci

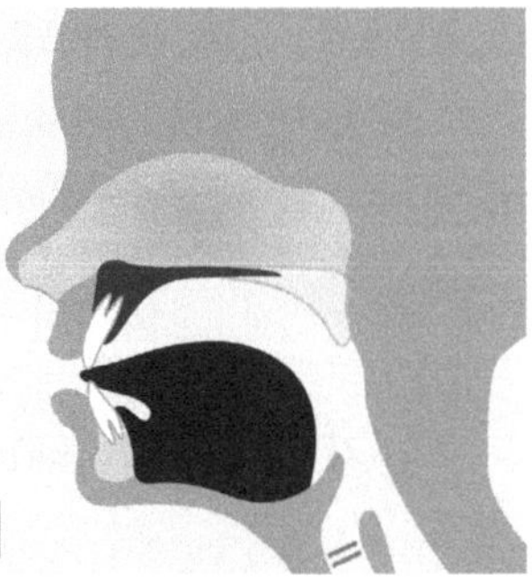

[θ]

유 사 발 음 : 영어의 'third'나 'truth'의 'th[θ]' 발음과 유사하나 스페인어의 [θ]는 영어보다 혀끝을 치간 사이로 조금 더 내밀고 조금 더 마찰시켜 발음한다.

읽 기 연 습 : ce[θe]/쎄[6]/ ci[θi]/씨/

비 고 : 스페인 남부 지방의 안달루시아와 중남미 국가에서는 [s]로 발음한다.[7]
예) ce[se], ci[si] ('s' 28쪽, 34쪽 참고)

6) 우리말에는 [θ] 발음이 없으나 혀의 긴장도와 공기 압력으로 인해 발생되는 마찰력이 'ㅆ'과 유사하다.
7) [θ]를 [s]로 발음하는 현상을 'seseo'라고 한다.

CH, ch

[ʧ] 무성 경구개 파찰음(Africada palatal sorda)

조음방법 : 중설을 경구개 쪽으로 올려 혀의 양 옆이 어금니 안쪽에 닿도록 넓게 붙이고, 전설은 위 잇몸과 전경구개에 붙여 공기를 막은 후, 떼면서 발음한다.

유사발음 : 우리말의 'ㅊ'과 발음이 유사하다. 그 외, 이탈리아어 'ce, ci'의 'c'와 독일어 'deutsch'의 'tsch', 그리고 영어 'charm, check, chic, choose'의 'ch' 발음과 유사하다. 단, 이들 발음보다 마찰이 짧게 되며 혀의 긴장도가 약간 더 높은 편이다.

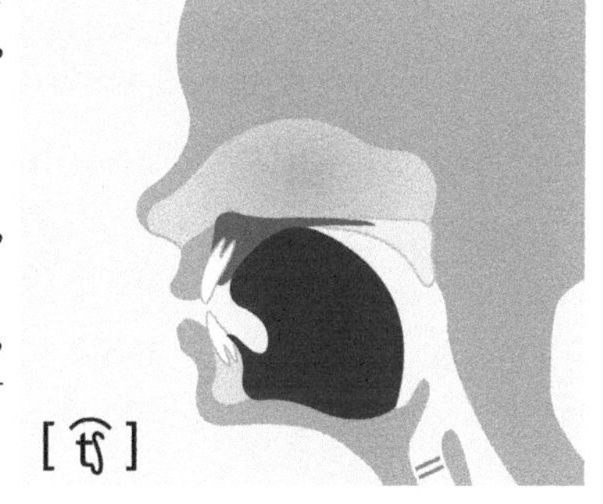

읽기연습 : cha[ʧa]/차/ che[ʧe]/체/ chi[ʧi]/치/ cho[ʧo]/초/ chu[ʧu]/추/

D, d

[d] 유성 치 파열음(Oclusiva dental sonora)

조음방법 : 혀끝을 윗니 뒤에 대고 공기를 막았다 터뜨려 내보내면서 발음한다.

유사발음 : '살다', '한반도' 등 유성음 사이에서 발음되는 우리말 'ㄷ'과 발음이 유사하다. 그 외 이탈리아어, 독일어, 프랑스어, 영어의 'd[d]' 발음과 유사하다.

읽기연습 : da[da]/다/ de[de]/데/ di[di]/디/ do[do]/도/ du[du]/두/

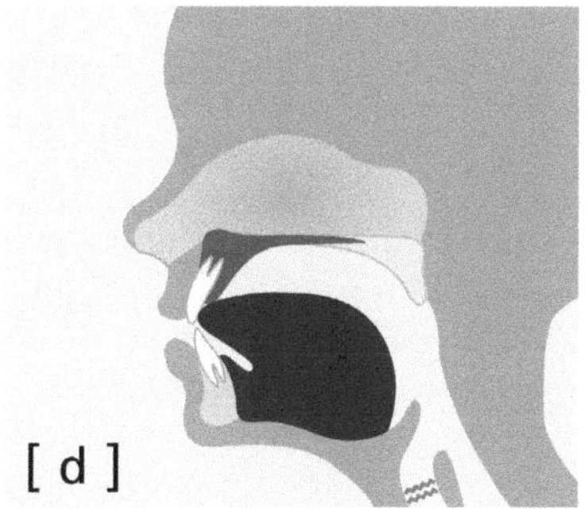

F, f

[f] 무성 순치 마찰음(Fricativa labiodental sorda)

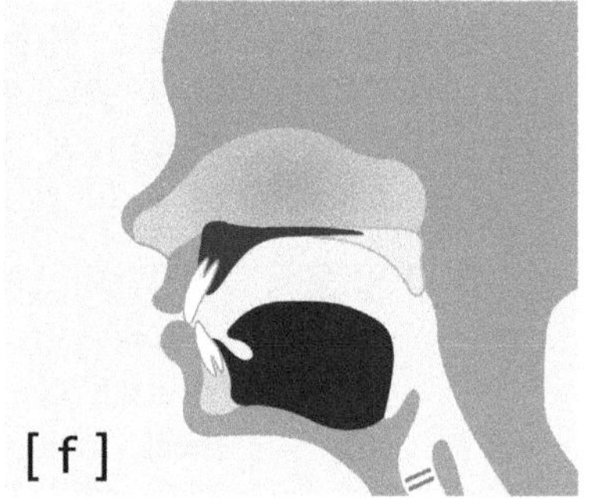

조 음 방 법 : 윗니를 아랫입술에 살짝 대고 그 사이로 공기를 강하게 마찰시켜 보내면서 발음한다.

유 사 발 음 : 이탈리아어, 독일어, 프랑스어, 영어의 'f[f]' 발음과 같다. 우리말에는 [f] 발음이 없다.

읽 기 연 습 : fa[fa] fe[fe] fi[fi]
fo[fo] fu[fu]

G, g

뒤따르는 모음에 따라 [g] 또는 [x]로 발음한다.

[g] 유성 연구개 파열음(Oclusiva velar sonora)

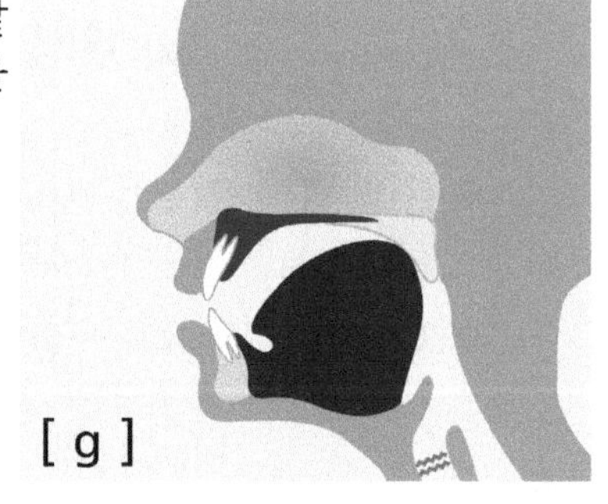

조 음 방 법 : 조음 방법이 [k]를 발음할 때와 같으나 [k]와는 달리 [g]는 성대를 울리며 발음한다.

철자발음규칙 : ① 'g' 뒤에 모음 'a, o, u'가 올 때(g + a, o, u): ga, go, gu
② 'gu' 뒤에 모음 'e, i'가 올 때 (gu + e, i): gue, gui
③ 'gü' 뒤에 모음 'e, i'가 올 때 (gü + e, i): güe, güi

유 사 발 음 : '한강', '달걀' 등 유성음 사이에서 발음되는 우리말의 'ㄱ'과 유사하다. 그 외 독일어, 프랑스어, 영어, 이탈리아어의 'ga, ghe, ghi, go, gu'의 'g' 발음과 유사하다.

읽 기 연 습 : ga[ga]/가/ go[go]/고/ gu[gu]/구/
gue[ge]/게/ gui[gi]/기/ güe[gwe]/구에/ güi[gwi]/구이/

비 고 : 'gue, gui'에서 'u'는 'ge, gi'로 표기했을 때 [x] 발음을 피하기 위한 것으로 'u'를 발음하지 않는다. 'güe, güi'에서 'ü'[8]는 앞에서와 달리 'u'가 발음됨을 표시한다.

[x] 무성 연구개 마찰음(Fricativa velar sorda)

조 음 방 법 : 혀끝은 아랫니 뒤에 대고, 후설을 연구개 쪽으로 올리되 공기가 나갈 수 있도록 완전히 연구개에 붙이지 않고 발음한다.

철자발음규칙 : 'g' 뒤에 모음 'e, i'가 올 때(g + e, i): ge, gi

유 사 발 음 : 우리말의 '흙'을 발음할 때의 'ㅎ'과 발음이 유사하나 스페인어는 마찰이 좀 더 강하다. 그 외 독일어 'noch, auch' 등의 'ch[x]' 발음과 유사하다.

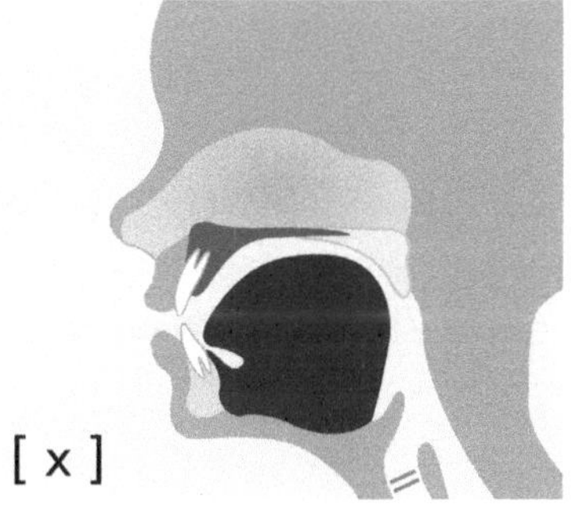
[x]

읽 기 연 습 : ge[xe]/헤/ gi[xi]/히/

H, h

I. 묵음

조 음 방 법 : 없음. 묵음이다.

유 사 발 음 : ha[a]/아/ he[e]/에/ hi[i]/이/ ho[o]/오/ hu[u]/우/

II. hi + e

'hi' 뒤에 모음 'e'가 오면 'hi'는 자음 'y'처럼 발음한다. ('y' 31쪽, 32쪽 참고)

8) ü: u 위에 붙는 두 점을 '디에레시스(diéresis)'라고 한다.

J, j

[x] 무성 연구개 마찰음(Fricativa velar sorda)

앞에서 설명했던 'ge, gi'의 [x] 발음과 같다. (19쪽 참고)

읽 기 연 습 : ja[xa]/하/ je[xe]/헤/ ji[xi]/히/ jo[xo]/호/ ju[xu]/후/

K, k

[k] 무성 연구개 파열음(Oclusiva velar sorda)

외래어에서만 쓰이는 문자로 앞에서 설명했던 [k] 발음과 같다. (15쪽, 16쪽 참고)

읽 기 연 습 : ka[ka]/까/ ke[ke]/께/ ki[ki]/끼/ ko[ko]/꼬/ ku[ku]/꾸/

L, l

[l] 유성 치조 설측음(Lateral alveolar sonora)

조 음 방 법 : 혀끝을 위 앞니와 잇몸에 대고, 혀와 어금니 사이 또는 혀의 양 옆으로 생긴 공간을 통해 공기를 내보내면서 발음한다.

유 사 발 음 : 우리말 '달, 별' 등 'ㄹ' 받침과 발음이 유사하다. 그 외 이탈리아어, 독일어, 프랑스어, 영어의 'l[l]'과 발음이 유사하다.

읽 기 연 습 : la[la]/라/ le[le]/레/ li[li]/리/ lo[lo]/로/ lu[lu]/루/

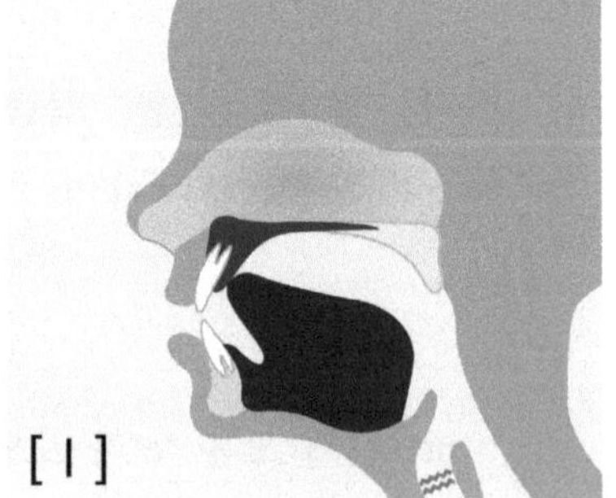

Ll, ll

[ʎ] 유성 경구개 설측음(Lateral palatal sonora)

조음방법 : 혀끝을 아랫니 뒤에 대고 중설을 상승시켜 경구개에 넓게 댄 상태에서 혀의 양면 어금니 사이에 좁은 통로를 만들어 그곳으로 공기를 내보내면서 발음한다.

유사발음 : 우리말의 '랴, 례, 료, 류' 또는 '갈잎, 알력, 탄력' 등을 발음할 때 'ㄹ'과 유사하다. 그 외, 이탈리아어 'gl' 또는 'gli'의 [ʎ]와 유사하나 이탈리아어보다는 혀가 경구개에 붙는 강도가 약하다.

[ʎ]

읽기연습 : lla[ʎa]/랴/ lle[ʎe]/례/ lli[ʎi]/리/ llo[ʎo]/료/ llu[ʎu]/류/

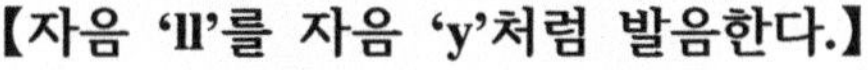

【자음 'll'를 자음 'y'처럼 발음한다.】

스페인의 북부 지방에서는 'll'와 'y'의 발음을 구별해서 발음하나 수도 마드리드를 비롯해 중남부 지방에서는 'll'를 'y'와 유사하게 발음하고, 스페인어를 쓰는 중남미의 거의 모든 국가에서도 'y'로 발음한다.9) 마드리드의 경우, 전에는 지식층 사람들이 'll'와 'y'의 발음을 구별해서 발음했으나, 오늘날에는 이와 상관없이 'y'와 유사하게 발음하고 있으며, 전국적으로 점점 더 'y'로 발음하는 경향이 늘어가고 있다. ('y' 31쪽, 32쪽 참고)

<u>따라서 노래를 부를 때 'll'를 'y'로 발음해도 상관없다.</u>

읽기연습 : lla/야(ya[ja])/ lle/예(ye[je])/ lli/이(yi[ji])/ llo/요(yo[jo])/ llu/유(yu[ju])/

9) 'll'를 'y'로 발음하는 현상을 가리켜 'Yeísmo'라고 한다.

M, m

[m] 유성 양순 비음(Nasal bilabial sonora)

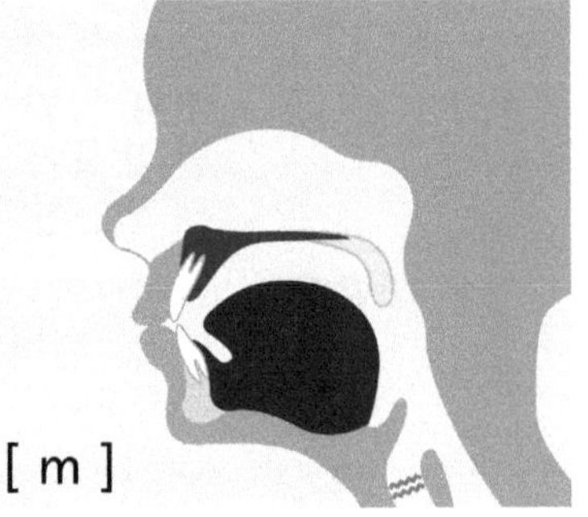

조음방법 : 양 입술을 닫고 연구개를 내려 공기를 비강을 통해 내보내면서 두 입술을 떼며 공기를 터뜨려 발음한다.

유사발음 : 우리말의 'ㅁ'과 이탈리아어, 독일어, 프랑스어, 영어의 'm[m]' 발음과 같다.

읽기연습 : ma[ma]/마/ me[me]/메/ mi[mi]/미/ mo[mo]/모/ mu[mu]/무/

N, n

세 개의 변이음 [n], [m], [ŋ]이 있다.

[n] 유성 치조 비음(Nasal alveolar sonora)

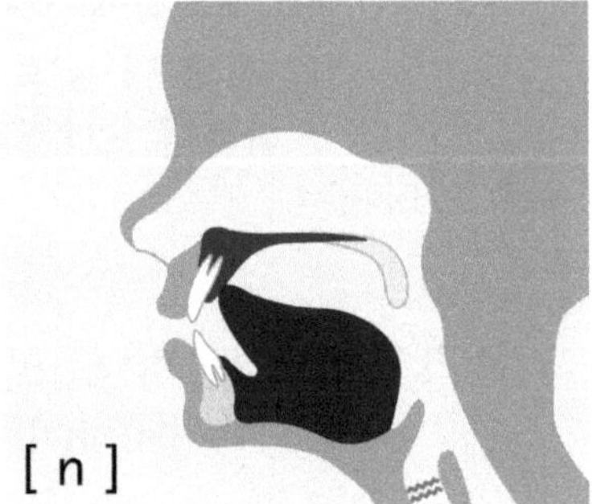

조음방법 : 혀끝을 윗잇몸에 대고 구개수를 내려 공기를 비강을 통해 내보내면서 발음한다.

유사발음 : 우리말의 'ㄴ'과 이탈리아어, 독일어, 프랑스어, 영어의 'n[n]' 발음과 같다.

읽기연습 : na[na]/나/ ne[ne]/네/ ni[ni]/니/ no[no]/노/ nu[nu]/누/

[m] 유성 양순 비음(Nasal bilabial sonora)

조 음 방 법 : 조음 방법이 [k]를 발음할 때와 같으나 [k]와특정 상황에서 ‘n’을 종성 또는 종자음으로서 [m]으로 발음한다.

철자발음규칙 : 자음 b, v, p 뒤에 올 때.
예) un beso[úm béso], un vino[úm bíno], un pato[úm páto]

유 사 발 음 : 우리말의 ‘남방’, ‘깜빡’ 등의 ‘ㅁ’ 받침과 발음이 같다. 그 외 이탈리아어, 독일어, 프랑스어, 영어의 종성 ‘m[m]’과 발음이 같다.

읽 기 연 습 : an ba, an va[am ba]/암 바/ en be, en ve[em be]/엠 베/
in bi, in vi[im bi]/임 비/ on bo, on vo [om bo]/옴 보/
un bu, un vu[um bu]/움 부/
an pa[am pa]/암 빠/ en pe[em pe]/엠 뻬/ in pi[im pi]/임 삐/
on po[om po]/옴 뽀/ un pu[um pu]/움 뿌/

[n], [m]: 두 발음이 다 허용되는 경우

‘n’ 뒤에 ‘m’이 올 경우 곡의 빠르기에 따라 ‘n’을 [n] 또는 [m]으로 발음할 수 있다. 즉, 곡이 느릴 경우 ‘n’을 [n]이나 [m]으로 발음할 수 있고, 곡이 빠를 경우 ‘n’을 [m]으로 발음하는 것이 자연스럽고 편하다.[10]

읽 기 연 습 : an ma[an ma], [am ma]/안 마, 암 마/
en me[en me], [em me]/ 엔 메, 엠 메/
in mi[in mi], [im mi]/인 미, 임 미/
on mo[on mo], [om mo]/온 모, 옴 모/
un mu[un mu], [um mu]/운 무, 움 무/

10) 일상적인 대화에서는 ‘n’을 [m]으로 발음한다.

[ŋ] 유성 연구개 비음(Nasal velar sonora)

종성 또는 종자음으로서 [ŋ]을 발음한다.

조 음 방 법 : 혀끝은 아래 잇몸 쪽으로 향하고, 후설을 올려 연구개의 앞부분에 대어 공기를 막음과 동시에, 연구개의 뒷부분(구개수)을 내려 공기를 비강을 통해 내보내면서 발음한다. 연구개 비음 [ŋ]의 조음은 연구개 파열음 [g]나 [k]의 조음과 아주 유사하나, 연구개가 하강해서 비강으로의 통로가 열린다는 점이 다르다.

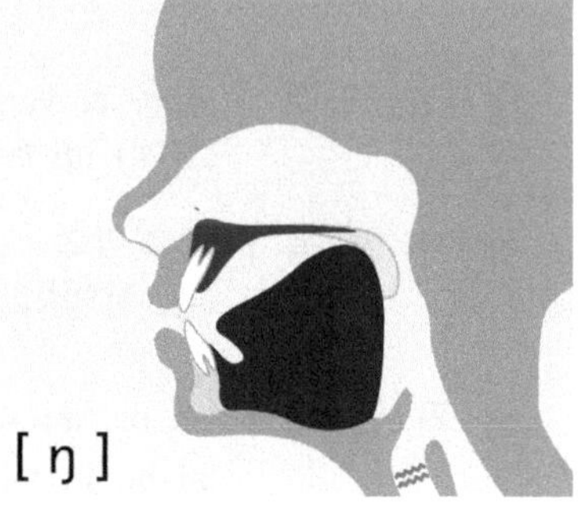

유 사 발 음 : 우리말 ‘강, 방’의 ‘ㅇ’ 받침과 독일어, 영어, 이탈리아어의 ‘ng[ŋ]’ 발음과 유사하다.

철자발음규칙 : 자음 ‘n’ 다음에 [k], [g], [x] 발음이 올 때(n + [k], [g], [x])
예) blanco[bláŋko], tango[táŋgo], naranja[naɾáŋxa], ángel[áŋxel]

읽 기 연 습 : an ca, an ka[aŋ ka]/앙 까/ en ke, en que[eŋ ke]/엥 께/
in ki, in qui[iŋ ki]/잉 끼/ on co, on ko[oŋ ko]/옹 꼬/
un cu, un ku[uŋ ku]/웅 꾸/

an ga[aŋ ga]/앙 가/ en gue[eŋ ge]/엥 게/ in gui[iŋ gi]/잉 기/
on go[oŋ go]/옹 고/ un gu[uŋ gu]/웅 구/

an ja[aŋ xa]/앙 하/ en je, en ge[eŋ xe]/엥 헤/
in ji, in gi[iŋ xi]/잉 히/ on jo[oŋ xo]/옹 호/ un ju[uŋ xu]/웅 후/

Ñ, ñ

[ɲ] 유성 경구개 비음(Nasal palatal sonora)

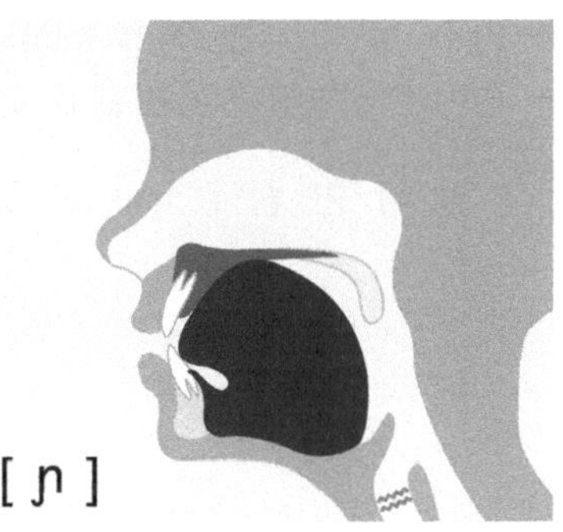

조 음 방 법 : 혀끝을 아랫니에 댄 상태에서 중설을 윗잇몸과 경구개에 대고, 공기를 비강을 통해 내보내면서 발음한다.

철자발음규칙 : 자음 b, v, p 뒤에 올 때.
예) un beso[úm béso], un vino[úm bíno], un pato[úm páto]

읽 기 연 습 : ña[ɲa]/냐/ ñe[ɲe]/녜/ ñi[ɲi]/니/
ño[ɲo]/뇨/ ñu[ɲu]/뉴/

P, p

[p] 무성 양순 파열음(Oclusiva bilabial sorda)

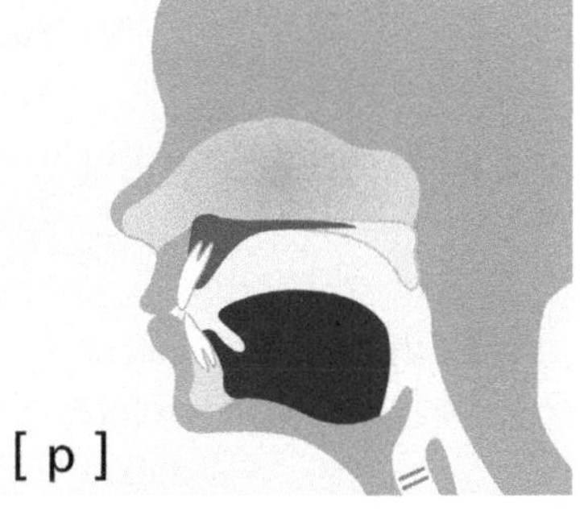

조 음 방 법 : 양 입술을 닫고 공기를 입안에 가두어 두었다가 양 입술을 뗌과 동시에 입안의 공기를 압력과 함께 밖으로 터뜨려 내보내면서 발음한다.

유 사 발 음 : 우리말의 'ㅃ'과 이탈리아어와 프랑스어의 'p[p]' 발음과 유사하다.

읽 기 연 습 : pa[pa]/빠/ pe[pe]/뻬/ pi[pi]/삐/
po[po]/뽀/ pu[pu]/뿌/

Q, q

[k] 무성 연구개 파열음(Oclusiva velar sorda)

❖ 'q'는 'u'와 함께 쓰며 뒤에 모음 'e'와 'i'만 온다. 예) que, qui

❖ 앞에서 설명했던 'c + a, o, u'나 'k + a, e, i, o, u'의 [k] 발음과 같다. (15쪽, 16쪽, 20쪽 참고)

읽 기 연 습 : que[ke]/께/ qui[ki]/끼

R, r

[ɾ][11] 유성 치조 탄설음(Vibrante simple alveolar sonora)

조 음 방 법 : 혀끝을 위 앞니 잇몸에 대면서 한 번 튀겨서 막았던 공기를 밖으로 내보내며 발음한다.

철자발음규칙 : ① 모음과 모음 사이에 올 때.
예) cara[káɾa], Sara[sáɾa]
주의) pelo[pélo] 털, 머리카락/
pero[peɾo] 그러나/ perro[péro] 개

② 'n, l, s'를 제외한 자음 뒤에 올 때.
예) madre[mádɾe], contra[kóntɾa]

[ɾ]

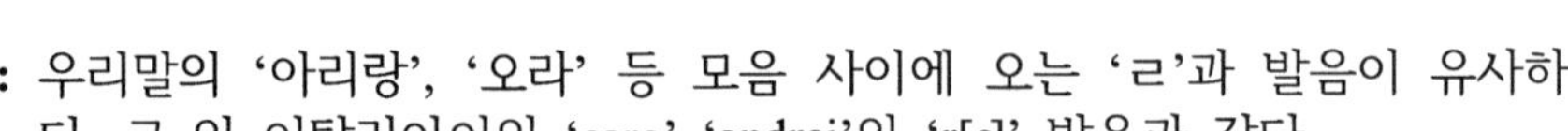

유 사 발 음 : 우리말의 '아리랑', '오라' 등 모음 사이에 오는 'ㄹ'과 발음이 유사하다. 그 외 이탈리아어의 'caro' 'andrei'의 'r[ɾ]' 발음과 같다.

읽 기 연 습 :

ara[áɾa]/아라/	ere[éɾe]/에레/	iri[íɾi]/이리/
oro[óɾo]/오로/	uru[úɾu]/우루/	
cra[kɾa]/끄라/	dre[dɾe]/드레/	gri[gɾi]/그리/
pro[pɾo]/쁘로/	tru[tɾu]/뜨루/	

11) 어떤 책에는 스페인식 발음 기호(RFE)에 따라 [ɾ]를 [r]로 표시했다.

[r][12] 유성 치조 진동음(Vibrante múltiple alveolar sonora)

조 음 방 법 : 혀끝을 위 앞니 잇몸에 대면서 여러 번 튀겨서 막았던 공기를 밖으로 내보내면서 발음을 한다.

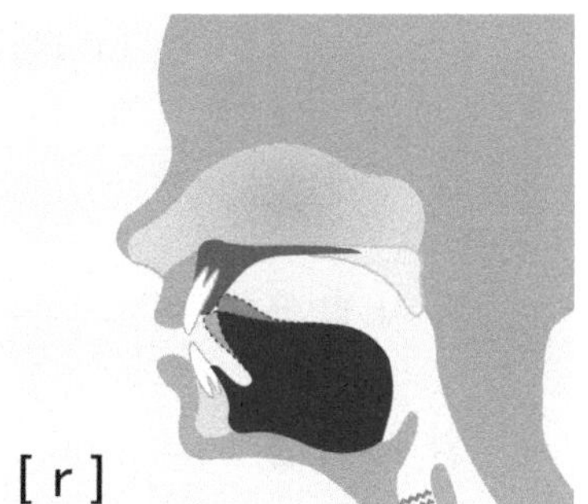

철자발음규칙 : ① 단어를 시작하는 첫 글자일 때.
예) ramo[rámo], rosa[rósa]
주의) loca[lóka] 미친, 미친 여인/
roca[róka] 바위

② 'n, l, s' 뒤에 올 때.
예) enriquecida[enrikeθída],
alrededor[alrededór], Israel[israél]

유 사 발 음 : 이탈리아어의 'vorrei', 'corre' 등의 'rr' 발음과 유사하다. 우리말에는 [r] 발음이 없다.

읽 기 연 습 :

ra[ra]	re[re]	ri[ri]	ro[ro]	ru[ru]
anra[ánra]	enre[énre]	inri[ínri]	onro[ónro]	unru[únru]
alra[álra]	elre[élre]	ilri[ílri]	olro[ólro]	ulru[úlru]
asra[ásra]	esre[ésre]	isri[ísri]	osro[ósro]	usru[úsru]

[ɾ], [r]: 두 발음이 다 허용되는 경우

철자발음규칙 : ① 단어 끝에 올 때.
예) amar[amáɾ], [amár]
② 'r'가 음절 끝에 있고 그 뒤에 자음이 올 때 (r + 자음).
예) carta[káɾta], [kárta]

읽 기 연 습 :

ar[áɾ], [ár]	er[éɾ], [ér]	ir[íɾ], [ír]
or[óɾ], [ór]	ur[úɾ], [úr]	
arta[áɾta], [árta]	erte[éɾte], [érte]	irti[íɾti], [írti]
orto[óɾto], [órto]	urte[úɾtu], [úrtu]	

---

12) 어떤 책은 스페인식 발음 기호(RFE)에 따라 [r]를 [r̄]로 표시했다.

철자 'rr[r]'

특 징 : ① 항상 유성 치조 진동음으로 발음한다. (27쪽 참고)
② 하나의 발음을 나타내는 이중 철자로 두 개로 분리가 안 된다.
예) carro: ca-rro(○) car-ro(×)
③ 단어 중간 모음과 모음 사이에만 온다. 예) carro[káro], corro[kóro]

유 사 발 음 : 이탈리아어 'rr'발음과 유사하다.

읽 기 연 습 : arra[ára] erre[ére] irri[íri] orro[óro] urru[úru]

S, s

[s] 무성 치조 마찰음(Fricativa alveolar sorda)

조 음 방 법 : 혀끝과 전설을 윗니로 접근시켜 발음한다.

유 사 발 음 : 우리말의 'ㅅ'과 유사하나 스페인어의 [s] 발음이 혀의 긴장도와 마찰의 정도가 조금 더 크다.
그 외, 독일어 'das, wissen', 영어 'soul, story', 이탈리아어 'festa, sapere'의 's' 발음과 프랑스어 'silence, passer, garçon'의 's', 'ss', 'ç' 발음과 유사하다.

[s]

읽 기 연 습 : sa[sa]/사/ se[se]/세/ si[si]/시/ so[so]/소/ su[su]/수/

T, t

[t] 무성 치 파열음(Oclusiva dental sorda)

조 음 방 법 : 혀끝을 윗니 뒤에 대고, 혀의 양 옆은 위 어금니에 대어 공기를 막았다가 내보내면서 발음한다.

유 사 발 음 : 우리말의 'ㄸ'과 이탈리아어와 프랑스어의 't[t]' 발음과 유사하다.

읽 기 연 습 : ta[ta]/따/　te[te]/떼/　ti[ti]/띠/　to[to]/또/　tu[tu]/뚜/

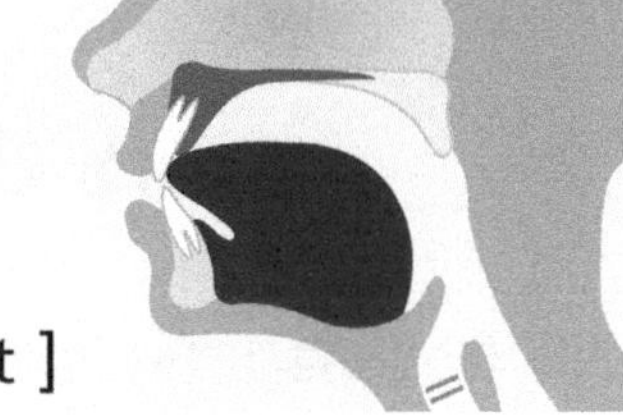

V, v

[b] 유성 양순 파열음(Oclusiva bilabial sonora)

조 음 방 법 : 앞에서 설명한 자음 'b' 발음과 같다. (15쪽 참고)

읽 기 연 습 : va[ba]/바/　ve[be]/베/　vi[bi]/비/　vo[bo]/보/　vu[bu]/부/

W, w

❖ 외래어에만 쓰이는 문자이다.
❖ 두 개의 발음 [b]와 [w]가 있다.

[b] 유성 양순 파열음(Oclusiva bilabial sonora)

조 음 방 법 : 앞에서 설명한 자음 'b' 발음과 같다. ('b' 15쪽 참고)

철자발음규칙 : 단어의 어원이 게르만어일 경우. 예) wagnerismo[bagnerísmo]

읽 기 연 습 : wa[ba]/바/ we[be]/베/ wi[bi]/비/ wo[bo]/보/ wu[bu]/부/

[w] 유성 연구개 반자음(Semiconsonate velar sonora)

조 음 방 법 : [w] 발음에서 뒤에 이어지는 모음의 위치로 빨리 옮겨간다(53쪽 참고).

철자발음규칙 : 단어의 어원이 영어일 경우. 예) whisky[wíski]

읽 기 연 습 : wa[wa]/와/ we[we]/웨/ wi[wi]/위/ wo[wo]/워/ wu[wu]/우/

X, x

두 개의 발음이 있다. [s]와 [ks] 또는 [gs]

[s] 무성 치조 마찰음(Fricativa alveolar sorda)

조 음 방 법 : 앞에서 설명한 자음 's'와 발음이 같다. ('s' 28쪽 참고)

철자발음규칙 : 단어의 시작일 때. 예) xilófono[silófono]

읽 기 연 습 : xa[sa]/사/ xe[se]/세/ xi[si]/시/ xo[so]/소/ xu[su]/수/

[ks] 또는 [gs]

조 음 방 법 : [k]나 [g]를 발음할 때처럼 후설을 연구개에 닿게 하여 공기를 막은 후 후설을 내리면서 [s]를 발음한다. ([k]: 15, 16쪽 [g]: 18쪽 참고)

철자발음규칙 : ① 단어 중간, 모음과 모음 사이에 있을 경우. 예) taxi[táksi], [tágsi]
② 단어 끝에 올 경우. 예) tórax[tóraks], [tórags]

읽 기 연 습 : axa[áksa], [ágsa]/악사/ exe[ékse], [égse]/엑세/ ixi[íksi], [ígsi]/익시/
oxo[ókso], [ógso]/옥소/ uxu[úksu], [úgsu]/욱수/

비 고 : México[méxiko], Texas[téxas] 등 몇 개의 단어에서는 'x'를 [x]로 발음한다.

[s]와 [ks] 또는 [gs]로 발음하는 경우

철자발음규칙 : 단어 중간 자음 앞에 올 때. 예) texto[résto], [téksto], [tégsto]

Y, y

❖ 두 개의 변이음 [ʤ]와 [j]가 있다.
❖ 'hi' 뒤에 모음 'e'가 오면 [ʤ] 또는 [j]로 발음한다. (19쪽 참고)

[ʤ] 유성 경구개 파찰음(Africada palatal sonora)

조 음 방 법 : 혀끝은 아랫니 뒤쪽에 대고 [ʧ]를 발음할 때보다 중설을 경구개에 더 접근시켜 붙였다 떼면서 유성음으로 발음한다.

철자발음규칙 : ① 시작하는 첫 음절일 때.
→ 'y'의 경우. 예) yo[ʤó]
→ 'hie'의 경우. 예) hielo[ʤélo]
② 'l'과 'n' 뒤에 올 때.
→ 'y'의 경우. 예) el yeso[el ʤéso], inyectar[inʤektár]
→ 'hie'의 경우. 예) el hierro[el ʤéro], en hielo[en ʤélo]

유 사 발 음 : 우리말의 'ㅈ'과 약간 유사하나 혀와 경구개 사이의 틈이 'ㅈ'에 보다 더 좁으며 혀의 긴장도가 좀 더 높은 편이다. 그 외 이탈리아어 'gente', 영어 'gym', 'Jane' 등의 'g', 'j'발음과 유사하나 여기서도 스페인어의 [ʤ]는 일반적으로 이탈리아어나 영어에 비해 더 긴장되며 마찰 시간이 더 짧다.

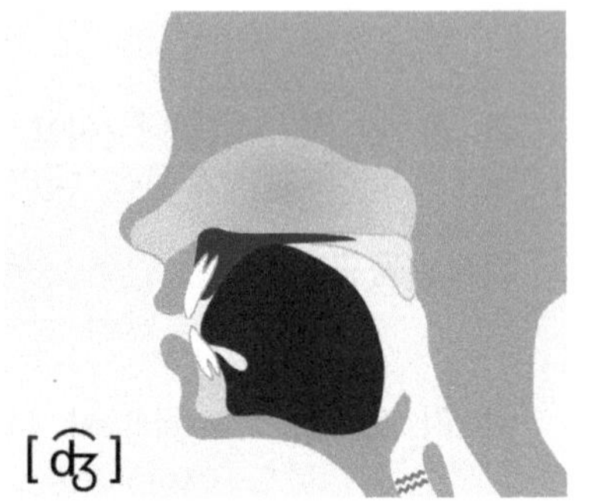

읽 기 연 습 : ya[ʤa]/자/ ye[ʤe]/제/ yi[ʤi]/지/ yo[ʤo]/조/ yu[ʤu]/주/
hielo[ʤélo]/젤로/ el hielo[el ʤélo]/엘 젤로/
en hielo[en ʤélo]/엔 젤로/

[ʝ] 유성 경구개 마찰음(Fricativa palatal sonora)

조 음 방 법 : 혀끝은 아랫니 뒤에 대고, 혀의 양 옆을 위 어금니에 붙인 상태에서, 혀의 안쪽에 생긴 긴 통로로 공기를 밖으로 내보면서 발음한다.

철자발음규칙 : ① 모음과 모음 사이에 올 때.
→ 'y'의 경우. 예) mayo[máʝo]
→ 'hie'의 경우. 예) la hierba[la ʝérba]
② 'l'과 'n'을 제외한 모든 자음 뒤에 올 때.
→ 'y'의 경우. 예) los yates[los ʝátes]
→ 'hie'의 경우. 예) las hierbas[las ʝérbas]

유 사 발 음 : 우리말의 '야, 예, 요, 유'와 발음이 유사하다. 그 외, 독일어의 'ja', 영어의 'yes', 프랑스어의 'hier', 'piller' 'voyage' 등의 발음과 유사하나 일반적으로 스페인어의 [ʝ]는 혀와 경구개 사이의 틈이 좀 더 좁고 긴장된 발음이다.

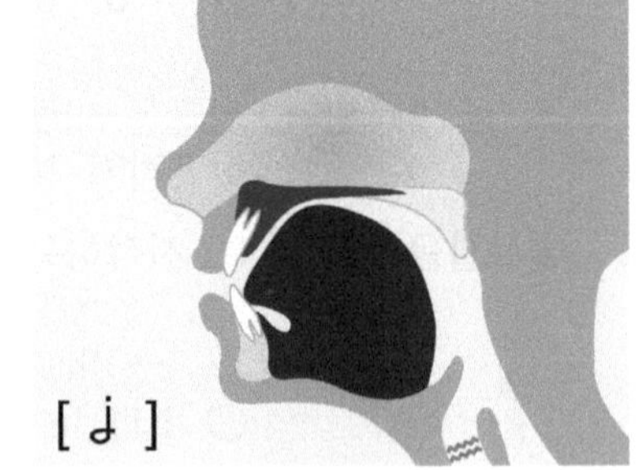

읽 기 연 습 : ya[ʝa]/야/ ye[ʝe]/예/ yi[ʝi]/이/
yo[ʝo]/요/ yu[ʝu]/유/
la hiel[la ʝél]/라 옐/ las hierbas[las ʝérbas]/라스 예르바스/

[ʤ]와 [j]에 대해서

노래 부를 때 [ʤ]와 [j]를 철자 발음 규칙에 따라 반드시 발음하지 않아도 된다. 그 이유는 일단 [ʤ]를 [j]로 발음한다고 해서 단어의 뜻이 달라지는 위험이 없고 가사의 강약에 따라 [ʤ]나 [j]로 발음할 수 있기 때문이다. 단, 'y'가 한 단어 안에서 모음 사이에 있을 경우 대부분의 경우 [j]로 발음한다.

예) mayo[májo]

Y가 모음 [i]가 되는 경우

철자발음규칙 : 자음 사이에 올 때 모음 [i]가 된다. ('i' 11쪽 참고) 예) Sylvia[sílbja]

Y가 반모음 [i̯]가 되는 경우

철자발음규칙 : 이중 또는 삼중 모음에서 강모음 뒤에 올 때 반모음 [i̯]가 된다.
([i̯]: 54, 58쪽 참고)

예) hay[ái̯], buey[bwéi̯]

접속사 'y'[13)]

(1) 모음 [i]

접속사 'y'가 자음과 자음 사이에 있을 경우 [i]가 된다.

예) Pan y queso[pán_ i késo] 빵과 치즈

13) y: 그리고, 와, 과, 및, 또, 그래서, 그러면, 그런데 등의 뜻을 갖고 있다.

(2) 반자음 [j]

접속사 'y'가 자음과 모음, 또는 모음과 모음 사이에 올 경우 'y'가 뒤의 모음에 붙어 반자음 [j]가 된다. (이중모음 'i' 53쪽 참고)

예 1) Joaquín y Ana[xoakín j‿ána] 호아낀과 아나

예 2) Corea y España[koɾéa j‿espáɲa] 한국과 스페인

(3) 반모음 [i̯]

접속사 'y'가 모음과 자음 사이에 있을 경우 앞의 모음에 붙어 반모음 [i̯]가 된다. ([i̯]: 54쪽 참고)

예) Música y canto[músika‿i̯ kánto] 음악과 노래

Z, z

[θ] 무성 치간 마찰음(Fricativa interdental sorda)

조 음 방 법 : 이전에 설명했던 'c + e, i' 발음과 같다. (16쪽, 's' 28쪽 참고)

읽 기 연 습 : za[θa]/싸/ ze[θe]/쎄/ zi[θi]/씨/ zo[θo]/쏘/ zu[θu]/쑤/

비 고 : 'ce, ci'와 같은 경우로 스페인 남부 지방의 안달루시아와 중남미 국가에서는 'z'를 [s]로 발음한다. (28쪽 참고)
예) cereza[seɾésa]

Ⅲ. 근접음[14] [β], [ð], [ɣ]

'b'의 변이음 [β], 'd'의 변이음 [ð], 'g'의 변이음 [ɣ]은 마찰이 거의 없고 긴장도나 음량이 매우 작은 근접음들로서 스페인 사람들이 보통 말할 때나 대화할 때 사용한다. 그러나 상대방에게 단어를 정확하게 전달 또는 강조를 할 경우 근접음을 발음하지 않고 [β]를 [b]로, [ð]를 [d]로, [ɣ]를 [g]로 정확하게 발음한다.

무대 위에서 노래할 때나 연극 배우들의 대사에서는 말의 전달을 위해 근접음들을 많이 사용하지 않는다. 노래의 경우, 'b', 'd', 'g'가 한 문장이 아닌 한 단어 안에서 모음과 모음 사이에 올 때, 매우 빠른 노래를 부를 때, 그리고 음악적 표현을 위해 소리를 작게 내거나 발음을 약하게 할 때, 파열음의 성격이 약화되어 근접음에 가까운 발음을 하는 경우가 있다. 근접음의 조음 방법, 철자 발음 규칙 및 유사 발음은 다음과 같다.

1. [β] 유성 양순 근접음(Aproximante bilabial sonora)

조 음 방 법 : 두 입술을 닿게 하지 않고 두 입술의 틈으로 공기를 내보내며 발음한다. (파열음 [b]는 두 입술이 닿았다 떨어진다.)

철자발음규칙 : ① 모음과 모음 사이에 있을 때. 예) abajo[aβáxo]
② 'm'과 'n'을 제외한 자음이 앞에 올 때. 예) esbelto[esβélto]

유 사 발 음 : 우리말의 '두부'의 '부' 발음과 유사하다.

2. [ð] 유성 치 근접음(Aproximante dental sonora)

조 음 방 법 : 혀끝을 윗니에 대지 않고 접근시켜 발음한다. (파열음 [d]는 혀끝이 윗니에 닿았다 떨어진다.)

철자발음규칙 : ① 모음과 모음 사이에 있을 때. 예) Adela[aðéla]
② 자음 'n'과 'l'을 제외한 자음 뒤에 올 때. 예) arder[arðér]

유 사 발 음 : 우리말의 '합니다'의 '다' 발음과 유사하다.

---

14) 두 조음 기관을 마찰이 생기지 않을 정도로 접근시켜 조음하는 근접음들은 스페인 언어학에 있어 매우 중요한 발음으로서 스페인 언어학 책은 물론이고 스페인 성악곡을 부르기 위한 딕션 책에서도 다루고 있다. 그러나 개인적 판단으로, 노래 부를 때 이 근접음들을 이론에 따라 발음하기보다는 노래에 따라 발음하는 경향이 더 많다고 생각하여, 이 책에서는 근접음들을 이론에 포함하지 않았다.

3. [ɣ]유성 마찰 근접음(Aproximante velar sonora)

조 음 방 법 : 후설을 연구개 쪽으로 올리나 후설이 연구개에 아주 닿지 않으며 기류를 후설과 연구개 사이로 내보내며 발음한다. (파열음 [g]는 후설과 연구개 뒷부분이 닿았다 떨어진다.)

철자발음규칙 : ① 모음과 모음 사이에 있을 때. 예) pagar[paɣár]
② 모음과 자음 사이에 있을 때. 예) magma[máɣma]
③ 'n'을 제외한 자음 뒤 에 올 때. 예) alga[álɣa]

유 사 발 음 : 우리말의 '아가씨'의 '가'와 유사하다.

IV. 조음에 따른 스페인어 딕션 모음과 자음의 분류

1. 모음

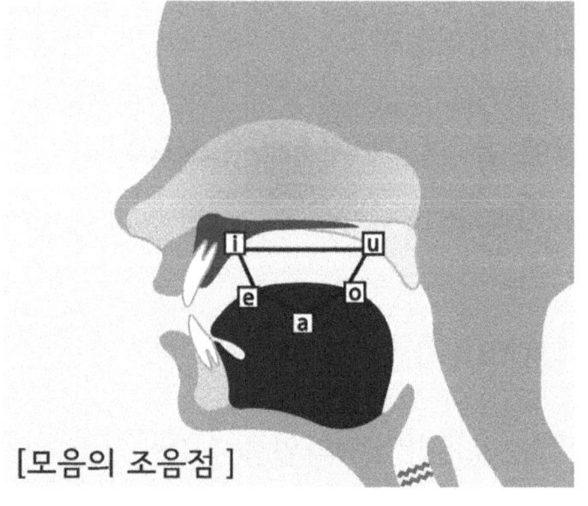

[모음의 조음점]

혀의 높이	전설모음	중설모음	후설모음
	비원순 모음	비원순 모음	원순 모음
고모음 (폐모음)	i		u
중모음 (반개모음)	e		o
저모음 (개모음)		a	

2. 자음

	양순음		순치음		치음		치간음		치조음		경구개음		연구개음	
	무성	유성	무성	유성	무성	유성	무성	유성	무성	유성	무성	유성	무성	유성
파열음	p	b			t	d							k	g
마찰음			f				θ		s			ʝ	x	
파찰음											ʧ	ʤ		

	양순음		순치음		치음		치간음		치조음		경구개음		연구개음	
	무성	유성	무성	유성	무성	유성	무성	유성	무성	유성	무성	유성	무성	유성
비음		m								n		ɲ		ŋ
설측음										l		ʎ		
탄 음										ɾ				
진동음										r				

V. 스페인어 딕션 모음과 자음의 국제 음성 기호 도표

단순 모음	
a[a], e[e], i[i], o[o], u[u]	
이중 모음	
약모음 + 강모음 i a, e, o u	1. ia[ja], ie[je], io[jo] 2. ua[wa], ue[we], uo[wo] 예문: viaje, cielo, Dios, guapo, bueno, cuota
강모음 + 약모음 a, e, o i, y u	1. ai,ay[ai̯], ei,ey[ei̯], oi,oy[oi̯] 2. au[au̯], eu[eu̯], ou[ou̯] 예문: aire, peine, hay, voy, aura, euro
약모음 + 약모음 i u u i, y	1. iu[ju] 2. ui, uy[wi] 예문: ciudad, cuidar, muy
삼중 모음	
약모음 + 강모음 + 약모음 i a, e, o i, y u u	1. iai, iay[jai̯], iei, iey[jei̯] , ioi, ioy[joi̯] 2. uau[wau̯], ueu[weu̯], uou[wou̯] 3. iau[jau̯], uai, uay[wai̯], uei, uey[wei̯] 예문: sintiáis, ciéis, guau, buey

자음				
번호	철자	IPA	한글	예문
1	b	[b]	ㅂ	ba, be, bi, bo, bu
2	c	[k]	ㄲ	c+a, o, u, 자음: ca, co, cu, cruz
		[θ]	ㅆ	c+e, i: ce, ci
	ch	[ʧ]	ㅊ	cha, che, chi, cho, chu
3	d	[d]	ㄷ	da, de di, do, du
4	f	[f]	-	fa, fe, fi, fo, fu,
5	g	[g]	ㄱ	g+a, o, u, 자음 gu, gü+e, i ga, go, gu, gue, gui, güe, güi, globo
		[x]	ㅎ	g+e, i: ge, gi
6	h	-	묵음	ha, he, hi, ho, hu
	hie	[ʤé]	제	1. 시작하는 첫 음절 일 때: Hierro 2. l, n+hie: el hiel, un hielo
		[ʝé]	예	1. 모음과 모음 사이에 올 때: mayo 2. l, n 제외한 자음+hie: los hierros
7	j	[x]	ㅎ	ja, je, ji, jo, ju
8	k	[k]	ㄲ	ka, ke, ki, ko, ku
9	l	[l]	ㄹ	la, le, li, lo, lu
	ll	[ʎ]	ㄹ+ㅑ,ㅖ,ㅣ,ㅛ,ㅠ	lla, lle, lli, llo, llu
10	m	[m]	ㅁ	ma, me, mi, mo, mu
11	n	[n]	ㄴ	na, ne, ni, no, nu
		[m]	ㅁ	un bote, convencer, en par,
		[n],[m]	ㄴ, ㅁ	n+m: inmóvil, un manso
		[ŋ]	받침 ㅇ	n+[g]: hongo, dengue, pingüino n+[k]: Inca, un kilo, tanque n+[x]: congelar, naranja, Aranjuez
12	ñ	[ɲ]	ㄴ+ㅑ,ㅖ,ㅣ,ㅛ,ㅠ	ña, ñe, ñi, ño, ñu
13	p	[p]	ㅃ	pa, pe, pi, po, pu
14	q	[k]	ㄲ	qu+e, i: que, qui
15	r	[ɾ]	탄설 ㄹ	1. 모음과 모음 사이에 올 때: cero 2. l, n, s 제외한 자음+r: cruz
		[r]	진동 ㄹ	1. 단어의 첫 글자일 때: rosa 2. l, n, s+r: alrededor, enredo, Israel

자음				
번호	철자	IPA	한글	예문
15	r	[ɾ], [r]	탄설ㄹ, 진동ㄹ	1. 단어의 끝 글자일 때: amor 2. r+자음: arte, Carlos, turno
	rr	[r]	진동ㄹ	barra, cerré, horror, cucurrucú
16	s	[s]	ㅅ	sa, se, si, so, su
17	t	[t]	ㄸ	ta, te, ti, to, tu
18	v	[b]	ㅂ	va, ve, vi, vo, vu
19	w	[b]	ㅂ	게르만어 어원: wa, we, wi, wo, wu
		[w]	와, 웨, 위, 워, 우	영어 어원: wa, we, wi, wo, wu
20	x	[s]	ㅅ	단어의 첫 글자일 때: xilófono
		[ks], [gs]	ㄱㅅ	1. 모음과 모음 사이에 올 때: taxi 2. 단어의 끝 글자일 때: tórax
		[s], [ks], [gs]	ㅅ, ㄱㅅ	x+자음: texto
21	y	[ʤ]	제	1. 시작하는 첫 음절 일 때: Yo 2. l, n+y: el yerno, cónyugue
		[ʝ]	예	1. 모음과 모음 사이에 올 때: mayo 2. l, n 제외한 자음+y: las yemas
22	z	[θ]	ㅆ	za, ze, zi, zo, zu

6 자음 읽기 연습

Ⅰ. 파열음: [p], [b], [t], [d], [k], [g]

[p] 무성 양순음 : pa pe pi po pu

철자 : **p**

paso
pepino
pulpo
plata
primo

[b] 유성 양순음 : ba be bi bo bu
va ve vi vo vu
wa we wi wo wu

철자 :

b	**v**	**w**
bambú	vaso	Wagner
bebida	vela	wáter
hablar	vivo	wolframita
broma	vulgo	
objeto	ave	

[t] 무성 치음 : ta te ti to tu

철자 : **t**

tanto
títere
tutor
atleta
truco

[d] 유성 치음 : da de di do du

철자 : **d**

dado
dedicar
duda
drama
Madrid

[k] 무성 연구개음 : ca que qui co cu
ka ke ki ko ku

철자 :

c		**qu**	**k**
camino	actor	queso	karate
Corea	acción	quiso	keroseno
cuna	claro	aquella	kilo
cálculo	crema	Aquino	koala
recurso		caqui	

[g] **유성 연구개음** : ga gue gui go gu güe güi

철자 :

g		**gu**	**gü**
gato	agro	guitarra	güero
goma	largo	guerra	cigüeña
gusano	claro	aguerrir	vergüenza
guapo	segmento	seguir	lingüista
antiguo	signo	aguinaldo	agüita

같은 조음 방식의 발음과 비교 읽기 연습

[p] /	[b]	[p] /	[t]	[p] /	[k]
paño	baño	capa	cata	peso	queso
peso	beso	trapo	trato	paso	caso
pelo	velo	pino	tino	apostar	acostar
pino	vino	guapa	guata	puñado	cuñado
pollo	bollo	oca	toca	puente	cuente

[b] /	[d]	[b] /	[g]
salvar	saldar	robar	rogar
cava	cada	bruta	gruta
bono	dono	bala	gala
vuelo	duelo	bata	gata
calvo	caldo	bota	gota

[t] /	[d]	[k] /	[g]
bota	boda	casa	gasa
dato	dado	vaca	vaga
contado	condado	quita	guita
rata	rada	coloso	goloso
tomar	domar	toca	toga

Ⅱ. 마찰음: [f], [θ], [s], [ʝ], [x]

[f] 무성 순치음 : fa fe fi fo fu

철자 : **f**

fato
feliz
fina
flor
fruta

[θ] 무성 순치음 : ce ci za ze zi zo zu

철자 :

c	**z**
cerezas	zejel
cine	zinc
buceo	zorro
cocina	zumbar
romance	tez

[s] 무성 치조음 : sa se si so su

철자 : **s**

sastre
sisar
sosegar
isla
salsas

[ʝ] 유성 경구개음 : ya ye yi yo yu hie

1. 'y' 또는 'hie'가 모음과 모음 사이에 올 때
2. 'n, l'을 제외한 자음 + 'y' 또는 'hie'

철자 :	**y**	**hie**
	haya	una hierba
	tuyo	yo hiero
	la yegua	la hiena
	las yescas	las hiedras

[x] 무성 연구개음 : ge gi ja je ji jo ju

철자 :	**g**	**j**	
	gel	jarra	abeja
	gemelo	jefe	ojos
	gigante	jirafa	genjibre
	agenda	José	Gijón
	ágil	jugar	reloj

같은 조음 방식의 발음과 비교 읽기 연습

[f] /	[θ]	[f] /	[x]
mofa	moza	faca	jaca
café	cacé	farra	jarra
fina	cina	rifa	rija
rifar	rizar	fuego	juego
bufón	buzón	fusta	justa

[f] /	[s]	[s] /	[x]
fiesta	siesta	masa	maja
infecto	insecto	vaso	bajo
rifa	risa	oso	ojo
gafas	gasas	puso	pujo
feria	seria	aso	ajo

[θ] /	[s]	[θ] /	[x]
caza	casa	caza	caja
cazo	caso	mazo	majo
cocer	coser	mozo	mojo
cocido	cosido	raza	raja
bazo	baso	reza	reja

Ⅲ. 파찰음: [ʧ], [ʤ]

[ʧ] 무성 경구개음 : cha che chi cho chu

철자 : **ch**

chapa	colcha
chelo	coche
Chile	ocho
choza	colchón
churro	lechuga

[ʤ] 유성 경구개음 : ya ye yi yo yu hie

1. ‘y’ 또는 ‘hie’가 단어의 첫 음일 때
2. 자음 ‘n, l’ + ‘y’ 또는 ‘hie’

철자 :

y	**hie**
ya	un hiel
yo	un hielo
cónyugue	el hierro
el yeso	él hiere

Ⅳ. 비음: [m], [n], [ɲ], [ŋ]

[m] 유성 양순음 : ma me mi mo mu

철자 :

m	**n + b, v, p, m**
mármol	en bote
menos	convencer
amnesia	un par
mimbre	inmigrar
imprimir	en mano

[n] **유성 치조음** : na ne ni no nu

철자 : **n**

nena
tanino
nuca
andino
en mano

[ɲ] **유성 경구개음** : ña ñe ñi ño ñu

철자 : **ñ**

niña
niño
añicos
eñe
ñus

[ŋ] **유성 연구개음** :

철자 :

n +[k]	**n +[g]**	**n +[x]**
nunca	ganga	naranja
aunque	manguera	ángel
inquilino	tanguillo	tangible
blanco	sangre	enjoyar
inculto	ángulo	conjugar

같은 조음 방식의 발음과 비교 읽기 연습

[m] /	[n] /	[ɲ]
cama	cana	caña
limo	lino	liño
timo	tino	tiño
tima	tina	tiña
mama	mana	maña

Ⅴ. 설측음: [l], [ʎ]

[l] 유성 치조음 : la le li lo lu

철자 : **l**

lado
Lola
lima
luna
capital

[ʎ] 유성 경구개음 : lla lle lli llo llu

철자 : **ll**

llave
llorar
lluvia
calle
torbellino

같은 조음 방식의 발음과 비교 읽기 연습

[ʎ] /	[l]
bello	velo
malla	mala
llave	lave
valle	vale
lloro	loro

Ⅵ. 탄설음: [ɾ]

[ɾ] 유성 치조음 : ra re ri ro ru

1. ‘r’가 모음과 모음 사이에 올 때
2. ‘n, l, s’를 제외한 자음 + ‘r’

철자 : **r**

cara
morena
moruno
madre
Pedro

Ⅶ. 진동음: [r]

[r] 유성 치조음 : ra re ri ro ru
arra erre irri orro urru

1. ‘r’가 단어의 첫 음일 때
2. 자음 ‘n, l, s ’+ ‘r’
3. ‘rr’ (철자)

철자 :

r	**rr**
razón	cerrar
enredar	torre
el rojo	garrida
Israel	arroyo
las rosas	arrullo

[ɾ] 또는 [r] :
1. ‘r’ + 자음
2. ‘r’ 단어의 끝 음일 때

철자 : **r**

amar
tardar
perder
saber
puerta

같은 조음 방식의 발음과 비교 읽기 연습

[ɾ]	[r]
ahora	ahorra
caro	carro
carera	carrera
cero	cerro
coro	corro

[ɾ]	[r]
mira	mirra
moro	morro
poro	porro
torero	torrero
vara	barra

Ⅷ. 서로 다른 조음 방식의 발음과 비교 읽기 연습

[ʝ]	[t͡ʃ]
haya	hacha
hoyo	ocho
leyes	leches
mayo	macho

[ʝ]	[ɲ]
ayo	año
bayo	baño
cuyo	cuño
huya	uña

[ʝ]	[ʎ]
gayo	gallo
haya	halla
hoya	olla
huya	hulla

[ʝ]	[t͡ʃ]	[ʎ]
poyo	pocho	pollo
raya	racha	ralla

[l] /	[ɾ]
alma	arma
mulo	muro
tila	tira
toldo	tordo

[l] /	[r]
bala	barra
caleta	carreta
lavo	rabo
loca	roca

[ʎ] /	[l] /	[ɾ]
valla	vala	vara
talla	tala	tara
rallo	ralo	raro
olla	ola	ora

[ʎ] /	[l] /	[ɾ] /	[r]
bollo	bolo	boro	borro
pella	pela	pera	perra
pollo	polo	poro	porro
pelo	pero	perro	
celo	cero	cerro	

이중 모음(Diptongo) 7

스페인어의 이중 모음은 약모음 + 강모음, 강모음 + 약모음, 약모음 + 약모음이 결합되어 형성된다. 모두 14종류의 이중 모음이 있으며 음절 분해 시 이중 모음은 하나의 모음 단위로 간주된다.

i + a, e, o	:	ia, ie, io
u + a, e, o	:	ua, ue, uo
a, e, o + i, y	:	ai, ei, oi 또는 ay, ey, oy
a, e, o + u	:	au, eu, ou
i + u	:	iu
u + i	:	ui

Ⅰ. 약모음(i, u) + 강모음(a, e, o)

조 음 방 법 : 고모음(i, u)으로 시작하여 중, 저모음으로 순간적으로 옮겨간다. 이때 이 고모음은 반자음으로서 [i]나 [u]에 비해 혀와 입천장 사이의 틈이 좀 더 좁은 [j] 또는 [w]로 발음 된다.

철자발음규칙 : ① 약모음(i) + 강모음(a, e, o)
강모음 앞에서 약모음 'i'는 반자음 [j]가 된다.
예) viaje[bjáxe]　　sierra[sjéra]　　novio[nóbjo]

② 약모음(u) + 강모음(a, e, o):
강모음 앞에서 약모음 'u'는 반자음 [w]가 된다.
예) guante[gwánte]　　bueno[bwéno]　　cuota[kwóta]

읽 기 연 습 : ia[ja]　　ie[je]　　io[jo]
ua[wa]　　ue[we]　　uo[wo]

Ⅱ. 강모음(a, e, o) + 약모음(i, y, u)

조 음 방 법 : 열린 중 또는 저모음에서 점점 닫힌 고모음(i. y, u)으로 옮겨간다. 이때 이 고모음은 [i]나 [u]에 비해 소리의 지속 시간이 짧고, 소리가 균일하지 않으며 울림이 약한 반모음[i̯]나 [u̯]로 각각 발음된다.

철자발음규칙 : ① 강모음(a, e, o) + 약모음(i, y):
강모음 뒤에 오는 약모음 'i'와 'y'는 반모음 [i̯]가 된다.
예) aire[ái̯ɾe] hay[ái̯] aceite[aθéi̯te] soy[sói̯]

② 강모음(a, e, o) + 약모음(u):
강모음 뒤에 오는 약모음 'u'는 반모음 [u̯]가 된다.
예) laurel[lau̯ɾél] Europa[eu̯ɾópa] bou[bóu̯]

읽 기 연 습 : ai, ay[ai̯] ei, ey[ei̯] oi, oy[oi̯]
au[au̯] eu[eu̯] ou[ou̯]

Ⅲ. 약모음(i, u) + 약모음(i, y, u)

조 음 방 법 : 고모음(i, u)으로 시작해서 그 다음 고모음 'i' 또는 'y' 또는 'u'로 옮겨간다. 이때 앞에 있는 고모음이 반자음 [j]나 [w]로 발음된다.

철자발음규칙 : ① 약모음(i) + 약모음(u)
앞에 있는 'i'가 반자음 [j]가 되고 'u'는 모음 'u'로 남는다.
예) diuresis[djuɾésis]

② 약모음(u) + 약모음(i, y)
앞에 있는 'u'가 반자음 [w]가 되고 'i' 또는 'y' 는 모음 'i'로 남는다.
예) cuidado[kwidádo], cucuy[kúwi]

읽 기 연 습 : iu[ju] ui, uy[wi]

Ⅳ. 이중 모음 읽기 연습

약모음 'i' + 강모음 'a, e, o'

철자 :	**ia**	**ie**	**io**
	hacia	diente	adiós
	odia	pierna	cambio
	patria	siete	labio
	rubia	tiempo	piojo
	sucia	tiene	radio

약모음 'u' + 강모음 'a, e, o'

철자 :	**ua**	**ue**	**uo**
	aduana	consuelo	arduo
	cuadro	duelo	asiduo
	guardar	cuello	fatuo
	Juan	muerto	vacuo
	yegua	vuelo	cuota

강모음 'a, e, o' + 약모음 'i, y'

철자 :	**ai, ay**	**ei, ey**	**oi, oy**
	aire	ley	boina
	hay	peine	doy
	baile	rey	soy
	dais	seis	hoy
	traiga	veinte	voy

강모음 'a, e, o' + 약모음 'u'

철자 :	**au**	**eu**	**ou**
	aula	Ceuta	bou
	auto	deudo	lo unió
	causa	Europa	lo usó
	cauto	feudo	estadounidense
	raudo	rehusar	Mompóu

약모음 'i' + 약모음 'u', 약모음 'u' + 약모음 'i'. 'y'

철자 :	**iu**	**ui, uy**
	ciudad	ruido
	viuda	cuidado
	triunfo	Luisa
	diuresis	muy
	Mihura	cuy

삼중 모음(Triptongo) 8

세 개의 모음 즉, 약모음 + 강모음 + 약모음이 결합하여 삼중 모음이 형성되며 음절 분해 시 하나의 모음 단위로 간주된다.

Ⅰ. 약모음(i, u) + 강모음(a, e, o) + 약모음(i, y, u)

조 음 방 법 : 고모음으로 시작해서 중 또는 저모음을 거쳐 다시 고모음으로 간다.

철자발음규칙 : 강모음이 음절 주음[15]이 되고 약모음은 음절 부음[16]이 된다. 즉, 강모음 앞에 있는 약모음은 반자음 [j] 또는 [w]가 되고 강모음 뒤에 오는 약모음은 반모음 [i̯] 또는 [u̯]가 된다. 예) sitiáis[sitjái̯s], guau[gwáu̯]

읽 기 연 습 : iai, iay[jai̯], iei, iey[jei̯], ioi, ioy[joi̯], uau[wau̯], ueu[weu̯], uou[wou̯] iau[jau̯] uai, uay[wai̯], uei, uey[wei̯] uoi, uoy[woi̯]

Ⅱ. 삼중 모음 읽기 연습

despreciáis	aberiguáis
sentenciéis	Paraguay
bioingenería	santigüéis
miau	buey
guau	antiguo idioma

15) 16) 음절 주음과 음절 부음 : 음절 핵이 되는 음을 음절 주음이라고 하고 그렇지 못한 음을 음절 부음 또는 주변음이라고 한다. 음절 주음은 음절을 지배하는 성절성이 있어서 울림이 더 강하고 길게 발음되며, 음절 부음은 성절성이 없어 울림도 약하고 짧게 발음된다.

음절 분해(La división de la sílaba) 9

스페인어 발음에 있어 가장 중요한 요소 중 하나는 악센트이다. 악센트를 부여함으로 악센트가 안 붙은 음절 또는 단어와 대조를 이루게 되고, 악센트가 어디에 부여됐는가에 따라 어휘의 뜻이 달라지기도 한다.

예) habitó[abitó] : 그는(…에) 거주했었다.
habito[abíto] : 나는(…에) 거주한다. 거주하고 있다.
hábito[ábito] : 승려복, 습관

따라서 악센트를 올바르게 붙이려면 규칙을 알아야 하는데 이를 위해서 먼저 음절 분해를 할 줄 알아야 한다.

Ⅰ. 음절 분해의 규칙

1. 단음절 단어: 음절이 하나일 경우엔 그대로 하나의 음절이 된다.

sol: sol　　flor: flor　　pan: pan

2. 모음 사이에 있는 자음은 뒤의 모음과 결합한다.

beso: be-so　　luna: lu-na　　galán: ga-lán

3. 두 모음 사이에 있는 두 자음은 하나씩 분리되어 앞뒤 모음과 결합한다.

canto: can-to　　este: es-te　　hermano: her-ma-no

4. 철자 'ch, ll, rr'는 분리되지 않는다.

lechuga: le-chu-ga　　Sevilla: Se-vi-lla　　cerro: ce-rro

5. 이중 자음은 분리되지 않는다. (br, bl, cr, cl, fr, fl, gr, gl, pr, pl, tr, tl, dr)

obra; o-bra
sacro: sa-cro
cofre: co-fre
lograr: lo-grar
capricho: ca-pri-cho
otra: o-tra
ladrar: la-drar
hablar: ha-blar
aclarar: a-cla-rar
influencia: in-fluen-cia
globo: glo-bo
aplomo: a-plo-mo
atlas: a-tlas

6. 's'가 자음 사이에 있을 때 앞의 자음과 결합한다.

instante → ins-tan-te

7. 단어가 자음으로 끝날 때, 끝 자음이 분해돼서 하나의 음절을 이루는 게 아니라, 앞에 있는 모음에 결합해서 음절을 이룬다. 음절의 중심은 모음이고 자음 혼자서 절대 독립된 음절을 형성할 수 없다.

amor: a-mor(○) a-mo-r(×) madrid: ma-drid(○) ma-dri-d(×)

8. 이중 모음은 하나의 음절로 간주되어 분리되지 않는다. 약모음 + 강모음, 강모음 + 약모음, 약모음 + 약모음

fianza: fian-za
hay: hay
ciudad: ciu-dad
canción: can-ción
ausencia: au-sen-cia
huida: hui-da

9. 삼중 모음은 하나의 모음 단위로 간주되어 분리되지 않는다. 약모음 + 강모음 + 약모음

sintiáis: sin-tiáis

10. 강모음(a, e, o) +강모음(a, e, o)은 각각 독립된 음절을 이룬다.

aero: a-e-ro cao: ca-o

real: re-al aseo: a-se-o

toalla: to-a-lla oboe: o-bo-e

11. 약모음 위에 악센트가 찍혀 있으면 강모음으로 간주되어 하나의 음절을 이룬다.

desmaída: des-ma-í-da río: rí-o dúo: dú-o

10 악센트(Acento)

모음 위에 악센트 부호[´]를 찍지 않는 경우와 찍는 경우가 있다.

I. 악센트 부호를 찍지 않는 경우

① 'n, s'를 제외한 자음으로 끝나는 경우, 맨 끝 음절에 강세가 온다.

bondad: bon-dad[bondád]　　reloj: re-loj[relóx]

capital: ca-pi-tal[kapitál]　　vivir: vi-vir[bibír]

carnet: car-net[karnét]　　capaz: ca-paz[kapáθ]

② 모음이나 자음 'n, s'로 끝날 경우, 끝에서 두 번째 음절에 강세가 온다.

queso: que-so[késo]　　joven: jo-ven[xóben]　　ojos: o-jos[óxos]

I-1. 이중 모음과 삼중 모음의 경우

① 강모음에 악센트가 붙는다.

aire: ai-re[ái̯ɾe]　　viaje: via-je[bjáxe]

peine: pei-ne[péi̯ne]　　vieja: vie-ja[bjéxa]

hoy: hoy[ói̯]　　Dios: Dios[djós]

aura: au-ra[áu̯ɾa]　　guapo: gua-po[gwápo]

euro: eu-ro[éu̯ɾo]　　abuelo: a-bue-lo[abwélo]

bou: bou[bóu̯]　　duelo: due-lo[dwélo]

miau: miau[mjáu̯]　　buey: buey[bwéi̯]

② 약모음 + 약모음일 때 두 번째 약모음에 악센트가 붙는다.

viuda: viu-da[bjúda] cuida: cui-da[kwída]

예외) estoy : es-toy[estói̯]
Paraguay : Pa-ra-guay[paɾagwái̯]
Uruguay : U-ru-guay[uɾugwái̯]

II. 악센트 부호를 찍는 경우

① 위에 써 있는 두 경우에서 어긋나는 위치에 강세가 있는 경우 악센트 부호를 찍는다.

árbol: ár-bol[árbol] pájaro: pá-ja-ro[páxaɾo]
tórax: tó-rax[tóɾaks] limón: li-món[limón]
lápiz: lá-piz[lápiθ] jamás: ja-más[xamás]

② 동음이의어의 단어 또는 품사 구분을 위해 강세를 표시한다.

el[el], él[él] tu[tu], tú[tú]
donde[donde], dónde[dónde] mas[mas], más[más]

Ⅲ. 악센트가 붙는 단어와 악센트가 붙지 않는 단어

문장 단위 내에서 볼 때, 주변의 다른 단어들과 비교해 보면 단어들 중엔 악센트를 주어 말하는 단어가 있고, 악센트 없이 말하는 단어가 있다.

1. 악센트가 붙는 단어

명사, 형용사, 인칭 대명사 주격과 전치격, 소유 대명사 또는 소유 형용사, 지시 대명사 및 지시 형용사, 수사, 동사, 부사, 의문사 등 여러 품사에 속하는 단어들이 있다.

1) **명사**

amor[amór] 사랑 beso[béso] 입맞춤 casa[kása] 집
corazón[koɾaθón] 마음 caza[káθa] 사냥 ojos[óxos] 눈

2) **형용사**

sutil[sutíl] 부드러운 pobre[póbɾe] 가난한 poco[póko] 적은

3) **인칭 대명사 주격:**

yo[ʤó], [ɟó] 나 tú[tú] 너 él[él] 그
ella[éʎa] 그녀 Ud.(usted)[ustéd] 당신

4) **인칭 대명사 전치격:**

mí[mí] 나를(에게, 위해 등등) ti[tí] 너를(에게, 위해 등등)

5) **소유 대명사 또는 후치형 소유 형용사:**

mío[mío] 나의 tuyo[túɟo] 너의 suyo[súɟo] 그의, 그녀의, 당신의

6) **지시 대명사 및 지시 형용사:**

éste[éste] 이것 ése[ése] 그것 aquél[akél] 저것
este[éste] 이… ese[ése] 그… aquel[akél] 저…

7) **수사:**

un(o)[ún(o)] 하나(남성) una[úna] 하나(여성) dos[dós] 둘
tres[tɾés] 셋 cuatro[kwátɾo] 넷 cuarto[kwárto] 4분의

8) **동사:**

soy[sói̯] 나는 …이다 es[és] 너는 …이다 amar[amár] 사랑하다
he amado[é amádo] 나는 사랑했었다 tenía[tenía](그, 그녀, 당신)은 갖고 있었다

9) 부사:

más[más] 더　　tan[tán] 아주　　no[nó] 아니오(부정문)

ya[ʤá], [já] 이미

10) 의문사:

qué[ké] 무엇?　　quién[kjén] 누구?　　cuándo[kwándo] 언제?

cómo[kómo] 어떻게?　　dónde[dónde] 어디?

2. 악센트가 붙지 않는 단어

정관사, 부정 관사, 전치사, 접속사, 직접 목적 대명사, 간접 목적 대명사, 재귀 대명사, 전치형 소유 형용사, 관계사 등 여러 품사에 속하는 단어들이 있다.

1) 정관사

단수: el[el] 남성　　la[la] 여성

복수: los[los] 남성　　las[las] 여성　　뜻: 그

2) 부정 관사

단수: un[un] 남성　　una[una] 여성

복수: unos[unos] 남성　　unas[unas] 여성　　뜻: 어떤

3) 전치사

a[a] ~를, ~에게　　con[kon] ~와/과 함께　　de[de] ~의, ~에서

en[en] ~안에　　para[paɾa] 위하여　　por[por] ~으로, ~으로 인해

sobre[sobɾe] ~의 위에　　hasta[asta](장소, 시간, 수량, 행동) ~까지

4) 접속사

y[i] 그리고, ~와, ~과 ni[ni] ~도 ~도 아닌 aunque[au̯ŋke] 비록 ~하나
pero[peɾo] 그러나 mas[mas] 그러나 si[si] 만약
porque[porke] 왜냐하면 cuando[kwando] ~할 때

5) 직접, 간접 목적 대명사와 재귀 대명사

me[me] 나를, 나에게 te[te] 너를, 너에게
lo[lo] 그를, 그것을(남성) la[la] 그녀를, 그것을(여성)
le[le] 그를, 그에게 les[les] 그들을, 그들에게
se[se] 그(그녀, 당신) 자신을, 그(그녀, 당신) 자신에게

6) 전치형 소유 형용사

단수: mi[mi] 나의 tu[tu] 너의
su[su] 그(그녀, 당신, 그들, 그녀들, 당신들)의
복수: mis[mis] 나의 tus[tus] 너의
sus[sus] 그(그녀 당신, 그들, 그녀들, 당신들)의

7) que, donde, como 등의 관계사

donde[donde] 관계 부사(선행사로 장소를 나타내는 명사를 취함)
como[komo] 관계 부사(선행사로 방법을 나타내는 명사를 취함)
cuando[kwando] 관계 부사(선행사로 시간을 나타내는 명사를 취함)
que[ke] 관계 대명사(사람, 사물을 선행사로 취함)
quien[kjen] 관계 대명사(사람을 선행사로 취함)

느낌표(¡ !)와 물음표(¿ ?)

스페인어에서는 느낌표와 물음표를 마치 따옴표(‘ ’)나 괄호처럼( ) 문장 앞에도 놓고 문장 뒤에도 놓는다. 이 부호들을 처음 본 사람들은 모두 의아해하는데 그중에는 가끔 문장 앞의 느낌표(¡)를 모음 ‘i’로 잘못 알고 대문자 ‘I’로 고치는가 하면 물음표(¿)를 책에 잘못 쓰인 기호로 알고 지우는 경우가 있다.

그러나 이들은 엄연한 문장 부호로서 둘 다 써 주어야 한다.

예: ¿De dónde venís, amore?
¡Alma, sintamos!

Ⅳ. 읽기 연습

모음 위에 악센트 부호를 찍지 않은 경우(읽기 I, 읽기 III)와 찍는 경우(읽기 II, II-1, II-2, II-3) (63쪽, 64쪽 참고)

1. ‘n’, ‘s’를 제외한 자음으로 끝나는 경우

읽기 I	읽기 II
bondad	huésped
cartel	árbol
llorar	ámbar
capaz	lápiz
reloj	tórax

2. ‘n’, ‘s’로 끝나는 경우

읽기 I	읽기 II	읽기 I	읽기 II
aman	Jaén	sigas	hallábanlas
tornaban	confesión	cosas	álamos
iban	razón	amores	lloréis
salieron	jardín	celos	revés
enamoran	corazón	enterrarlos	éramos

3. 모음으로 끝나는 경우

읽기 I

deja	balde	contesto	hay
luna	hace	gitano	hoy
mancha	intente	ingrato	buey
niña	llore	hablando	
trenzada	traerte	punteado	

읽기 II-1

Fátima	café	aquí	cayó	bambú
mamá	canté	amanecí	creyó	tiramisú
maná	diré	dormí	dejó	malibú
pálida	perdonaré	allí	toleró	Perú
váyase	término	serví	córtalo	túnel

읽기 II-2	읽기 II-3	
cambié	tenía	reír
estudié	mío	oír
perdió	río	comías
murió	lío	días
salió	acentúo	bambúes

4. 서로 다른 위치에 있는 악센트 읽기 연습

ánimo	animo	animó
célebre	celebre	celebré
hábito	habito	habitó
estímulo	estimulo	estimuló
término	termino	terminó

가곡의 발음 기호
작곡가의 생애 및 가곡 번역과 악보

11

Ⅰ. 그라나도스
(Enrique Granados, 1867~1916)

그라나도스는 까딸루냐 태생의 작곡가이자 피아니스트였다. 그는 뻬드렐(Felipe Pedrell, 1841~1922)로부터 작곡을 배웠고 그에게서 많은 영향을 받았다.

1887년, 그는 파리로 떠나 2년 동안 유학을 한 뒤, 고국으로 돌아와 작곡 활동을 계속하던 중 스페인의 대표적인 낭만주의 화가 고야(Francisco de Goya, 1746~ 1828)의 작품에서 영감을 받아 작곡한 피아노 작품 '고예스까스(Goyescas)'가 바르셀로나와 파리에서 대성공을 거두면서 세계적으로 명성을 얻게 되었다.

1916년, 그는 오페라 '고예스까스'의 초연을 위해 부인과 함께 미국으로 건너갔고 그곳에서도 많은 인기를 얻게 되었다. 그러나 스페인으로 돌아오는 도중, 그가 타고 있던 배가 독일 잠수함(당시 세계 1차대전 중이었음)에 격침되어 부인과 함께 희생되었다.

미술에도 풍부한 재능과 식견을 가지고 있었던 그라나도스는 고야를 스페인 최고의 화가로 꼽았으며 그의 작품들을 매우 흠모했다. 고야의 초기 그림 중에 마드리드의 마호(majo)와 마하(maja)[17]를 주제로 한 그림들이 있었는데 그라나도스는 그 그림을 음악으로 표현하고자 노력했다. 그래서 피아노곡으로 '고예스까스'를, 성악곡으로는 가곡 '또나딜랴스의 모음곡(Colección de tonadillas)'과 오페라 '고예스까스'를 작곡했다. '또나딜랴스의 모음곡' 외 대표적인 가곡으로는 르네상스 시대의 사랑을 주제로 한 서정시에 곡을 붙인 7개의 모음곡 '사랑의 노래(Canciones amamtorias)'가 있다.

그는 슈베르트(Franz P. Schubert, 1797～1828), 쇼팽(Fryderyk F. Chopin 1810～1849), 슈만(Robert Schumann, 1810～1856)과 같은 중유럽의 낭만주의 음악 양식을 제일 우선적으로 추구했을 뿐만 아니라, 까딸루냐 지방 출신임에도 불구하고, 까스띨랴

---

17) 18세기 말과 19세기 초, 마드리드의 특정 지역에 살고 있었던 평민 계층의 사람들로 남자는 'majo' 여자는 'maja'라고 불렀다. 그들의 특징은 화려한 의상과 자유분방하면서도 우아한 행동이다.

지방과 마드리드에 전해 내려온 고전적이고도 서정적인 음악을 창조적으로 재해석함으로써 스페인 국민주의 음악 운동에 주도적인 역할을 했다.

대표적 가곡

곡명: Colección de tonadillas(또나딜랴스의 모음곡)	작 사
1. Las currutacas modestas(겸손한 여인들)	뻬리껫 (Fernando Periquet, 1873~ 1940)
2. El majo tímido(내성적인 젊은이)	
3. El majo discreto(신중한 젊은이)	
4. La maja dolorosa I(가련한 여인 1)	
5. La maja dolorosa II(가련한 여인 2)	
6. La maja dolorosa III(가련한 여인 3)	
7. El mirar de la maja(여인의 눈길)	
8. La maja de Goya(고야의 여인)	
9. Amor y odio(사랑과 증오)	
10. Callegeo(행보)	
11. El majo olvidado(잊혀진 젊은이)	
12. El tra la la la y el punteado(트라라라와 피치카토)	

곡명: Canciones amatorias(사랑의 노래)	작 사
1. Llorad, corazón, que tenéis razón (소녀야, 울으렴, 이유가 있잖니) 또는 Lloraba la niña(소녀가 울고 있었네)	루이스 데 공고라 (Luis de Góngora, 1561~1627)
2. Iban al pinar(잣나무 숲에 가서) 또는 Serranas de Cuenca(꾸엥까 산의 여인들)	
3. No lloréis, ojuelos(울지마오, 어여쁜 눈이여)	로뻬 데 베가 (Félix Lope de Vega, 1562~1635)
4. Mira que soy niña, ¡amor, déjame! (사랑이여, 날 내버려두세요! 난 아직 어린 소녀예요)	작가 미상
5. Descúbrase el pensamiento de mi secreto cuidado (조심스럽게 간직했던 나의 비밀을 고백하며)	
6. Mañanica era(그날 아침은)	
7. Gracia mía(나의 아름다운 여인이여)	

‘Colección de tonadillas(**또나딜랴스의 모음곡**)’ **중에서**

El tra la la y el punteado(트라 라 라와 피치카토)

[el tɾa la la j‿el punteádo]

Fernando Periquet[18)]

Es en balde majo mío,	내 님이시여,
que sigas hablando,	그대가 계속 말을 건네도 소용없어요.
porque hay cosas que contesto	언제나 노래하면서
yo siempre cantando.	난 대답할 테니까요.
Tra la la......	트라 라 라....
Por más que preguntes tanto,	그대가 아무리 물어봐도
en mí no causas quebranto	난 흔들리지도 않고
ni yo he de salir de mi canto.	내 노래를 멈추지도 않겠어요.
La la la....	라 라 라....

Es	en balde,	majo	mío,	que	sigas	hablando
[és_	em bálde	máxo	mío]	[ke	síɡas_	ablándo]
이다	소용이 없는	남자	나의	…것을	계속하다	말하다

18) 뻬리껫(Fernando Periquet, 1873~1940))은 ‘또나딜랴스의 모음곡(Colección de tonadillas)’뿐만 아니라 그라나도스의 오페라 ‘고예스까스(Goyescas)’의 대본도 썼다.

porque	hay	cosas	que	contesto
[porke	ái̯	kósas	ke	kontésto]
왜냐하면	있다	것		대답하다

yo	siempre	cantando.	Tra la la...
[ʝó	sjémpɾe	kantándo]	[tɾá lá lá]
나	항상	노래하다	트라 라 라

Por	más	que	preguntes	tanto:
[por	más	ke	pɾegúntes	tánto]
더	이상		물어보다	많이

en	mí	no	causas	quebranto
[em‿	mí	nó	káu̯sas	kebɾánto]
안에	내	아니	일으키다	애달픔

ni	yo	he	de	salir	de	mi	canto:
[ni	ʝó	é	de	salíɾ	de	mi	kánto]
…도 않다	나	…해야 한다		에서	나오다	내	노래

El tra la la y el punteado

[el tɾa la la j‿el punteádo]

2

17

Por
por

21

más que pre-gun - tes tan-to tra la la la la la en
más ke pre gún tes tán to tra la la la la la em

26

mí no cau-sas que-bran-to ni yohe de sa - lir de mi can - to
mí nó káu̯ sas ke brán to ni ʝó é de sa lír de mi kán to

30

D.S. al Coda

Coda

la la la la la la Es
la la la la la la] [és_

‘Canciones amatorias(**사랑의 노래**)’ **중에서**

Llorad, corazón, que tenéis razón[19](소녀야, 울으렴, 이유가 있잖니)

[ʎorád koraθón ke tenéi̯s raθón]

Luis de Góngora[20]

Lloraba la niña	소녀가 울고 있었네,
y tenía razón,	그녀도 그럴 수밖에 없으리.
la prolija ausencia	그리도 오래 빈자리를
de su ingrato amor.	남겨놓은 무정한 임이여.
Dejóla tan niña	저리도 어린 소녀를 버리다니
que apenas creyó	소녀는 차마 믿을 수가 없었네.
que tenía los años	임이 떠나신지
que ha que la dejó.	그토록 많은 세월이 흘렀음을.
Llorando la ausencia	자기를 배신한 임의
del galán traidor,	빈자리를 보면서 눈물을 흘리네.
la halla la luna	달이 그녀를 찾으면
y la deja el sol,	태양이 그녀를 버리고,
añadiendo siempre	언제나 그렇게
pasión a pasión,	정열엔 정열을,
memoria a memoria,	추억엔 추억을,
dolor a dolor.	아픔엔 아픔이 더할 뿐이네.
Llorad, corazón,	소녀야, 울으렴,
que tenéis razón.	그리 하는 것이 당연할지니.

---

19) 곡명이 가사의 첫 마디인 ‘소녀가 울고 있었네(Lloraba la niña)’로 되어 있기도 하다.

20) 루이스 데 공고라(Luis de Góngora, 1561~1627)는 스페인 황금 세기(16세기~17세기)의 대표 시인이자 극작가이다. 그의 작품은 당시대와 그 이후 세기에서도 유럽과 중남미 작가들에게 많은 영향을 주었다.

Lloraba	**la**	**niña**	**y**	**tenía**	**razón,**
[ʎoɾába	la	níɲa‿	i̯	tenía	raθón]
울었다		소녀	그리고	갖고 있었다	이유

la prolija	**ausencia**	**de**	**su**	**ingrato**	**amor.**
[la pɾolíxa‿	au̯sénθja]	[de	sw‿	iŋɡɾáto	amóɾ]
긴	부재	의	그의	무정한	사랑

Dejóla	**tan niña**	**que**	**apenas**	**creyó**
[dexóla	tán‿níɲa]	[ke	apénas	kɾeʝó]
버리다 그녀를	아주 소녀		겨우	믿었다

que tenía	**los**	**años**	**que**	**ha**	**que**	**la**	**dejó.**
[ke tenía	los_	áɲos]	[ke	á	ke	la	dexó]
갖고 있었다		세월		그녀를 버렸다			

Llorando	**la ausencia**	**del**	**galán**	**traidor,**
[ʎoɾándo	la‿au̯sénθja]	[del	ɡalán	tɾai̯dóɾ]
울다	부재	의	멋진 남자	배신자

la	**halla**	**la**	**luna**	**y**	**la**	**deja**	**el**	**sol**
[la ‿	áʎa	la	lúna]	[i	la	déxa	el	sól]
그녀를	발견하다		달	그리고	그녀를	버리다		태양

añadiendo	**siempre**	**pasión**	**a**	**pasión,**	**memoria**	**a**	**memoria,**
[aɲadjéndo	sjémpɾe	[pasjón_	a	pasjón]	[memóɾja‿a		memóɾja]
더하다	항상	정열	에	정열	추억	에	추억

dolor a	**dolor.**	**Llorad,**	**corazón,**	**que**	**tenéis**	**razón.**
[dolór_a	dolór]	[ʎoɾád	koɾaθón]	[ke	tenéi̯s	raθón]
아픔 에	아픔	울어라	마음(소녀)		갖고 있다	이유

Llorad, corazón, que tenéis razón
[ʎoɾád koɾaθón ke tenéis raθón]

Luis de Góngora

E. Granados

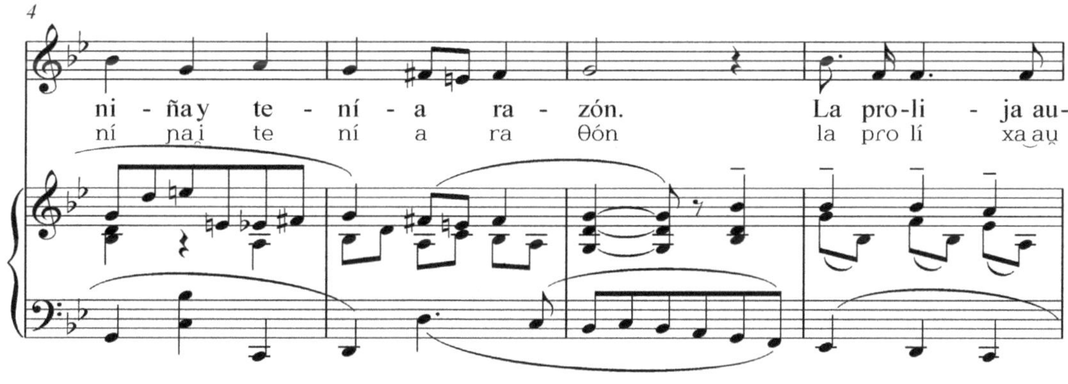

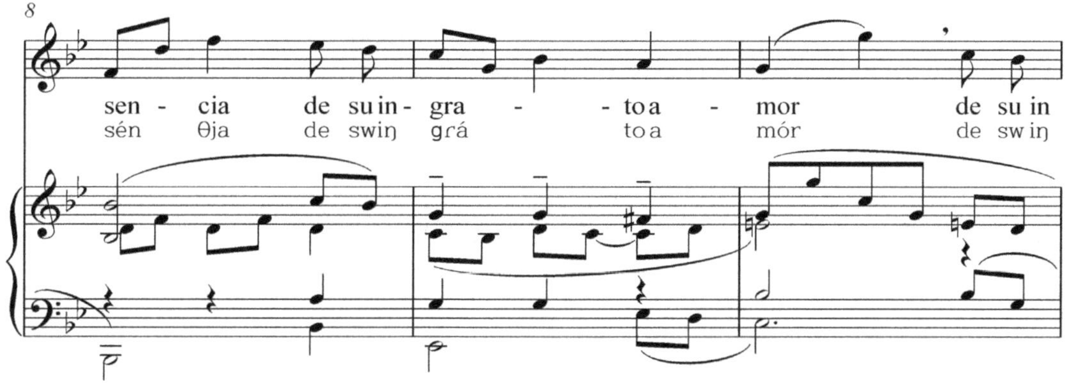

11

gra - to a - mor.

grá toa mór

14

poco rit. a tempo

De - jó la tan

de xó la tán

18

ni - ña que a - pe - nas cre - yó

ní ɲa ke a pé nas kɾe ʝó

21

que te - ní - a los a - ños que ha que la de -

ke te ní a los‿ á ɲos ke á ke la de

24
jó llo - ran - do la au - sen - cia del ga -
xó ʎo ɾán do la au sén θja del ga
28
lán trai - dor. La ha - lla la lu - na y la
lán trai dór la á ʎa la lú na i la
32
de - ja el sol.
dé xael sól
rall.
a tempo
36
A - ña - dien - do siem - pre pa -
a ɲa djén do sjém pɾe pa
poco rit.
a tempo

39

sión a pa - sión. Me - mo - ria a me -

sjón_ a pa sjón me mó ɾja a me

42

mo - ria, do - lor a do - lor, do -

mó ɾja do lór_ a do lór do

45

(quasi recitato)

lor a do - lor. Llo - rad co - ra -

lór_ a do lór ʎo ɾád ko ɾa

48

zón. que te - néis ra - zón.

θón ke te néi̯s ra θón]

'Canciones amatorias(사랑의 노래)' 중에서

No lloréis, ojuelos(울지마오, 어여쁜 눈이여)

[nó ʎoɾéi̯s_oxwélos]

Lope de Vega[21]

No lloréis, ojuelos, 어여쁜 눈의 그대여, 울지 말아요,
porque no es razón 질투 때문에
que llore de celos 울 이유가 없잖아요.
quien mata de amor. 사랑으로 애끓게 하는 그대인데.

Quien puede matar 사랑의 치명적 상처를 주는 그대
no intente morir, 죽으려 하지 말아요,
si hace con reir 울지 말고
más que con llorar. 으면 좋을 것을.

No lloréis,	ojuelos,	porque	no es	razón	que	llore de	celos
[nó ʎoɾéi̯s_	oxwélos]	[porke	nó és	raθón]	[ke	ʎóɾe de	θélos]
울지 마라	작은 눈	왜냐하면	아니다	이유	것	…로 울다	질투

quien	mata de	amor.	Quien	puede	matar	no intente	morir
[kjem‿	máta de	amór]	[kjem	pwéde	matár]	[nó‿i̯nténte	moɾír]
사람	~으로 죽이다	사랑	사람	할 수 있다	죽이다	시도하지 않는다	죽다

si hace	con	reír	más que	con	llorar.
[sj‿áθe	kon	reír]	[más ke	kon	ʎoɾár]
만약 ~하다	으로	웃는 것	…보다는	으로	우는 것

21) 로뻬 데 베가(Lope de Vega, 1562~1635)는 스페인 황금 세기(16세기~17세기)의 대표 시인이자 극작가이다.

No lloréis, ojuelos

[nó ʎoréis_ oxwélos]

Lope de Vega

Enrique Granados

7
Poco meno
No llo - réis o -
[nó ʎo ɾéis o
6
5
6
f
9
jue - los por - que no es ra -
xwé los por ke nó és ra
5
rall.
11
zón que llo - re de ce - los
θón ke ʎó ɾede θé los
a tempo
cresc.
13
quien ma - ta de a - mor.
kjem má ta de a mór
5

15
Quien pue - de ma-tar no in-ten - te mo - rir
kjem pwé de ma tár nó_in tén te mo ɾír
17
poco ten.
si ha - ce con reir más que
sj á θe kon reír más ke
19
con llo - - rar.
kon ʎo ɾár
20
poco rall.

21
1° Tempo
No llo - réis o - jue - los por -
nó ʎo ɾéis o xwé los por
f
23
rall. ten. a tempo
dim.
que no es ra-zón
ke nó és ra θón
rall.
25
rall.
que llo - re de ce - los quien ma - ta de a-
ke ʎó re de θé los kjem má ta de a
27
a tempo
mor.
mór]
cresc.
f

Ⅱ. 팔랴(파야)
(Manuel de Falla, 1876~1946)

팔랴는 스페인 국민주의 음악을 완성한 20세기 스페인의 대표적인 작곡가이다. 까디스 태생인 그는 7세 때부터 피아니스트인 어머니로부터 피아노를 배웠고, 9세 때부터 여러 선생님들에게 피아노, 화성학, 대위법을 배웠다.

1897년, 마드리드 왕립 고등 음악원(Real Conservatorio Superior de Música de Madrid)에 입학하여 당시 유명했던 피아니스트 뜨라고(José Tragó, 1857~1934)에게 피아노를 사사하며 7년 과정을 2년 만에 최우수 성적으로 졸업했다.

졸업 이후, 그는 뻬드렐(Felipe Pedrell, 1841~1922)로부터 작곡을 배우면서 작곡가로서 가야 할 길에 대한 큰 영향을 받았다.

1907년, 파리로 떠난 팔랴는, 그곳에서 활동하면서 알베니스(Isaac Albéniz, 1860~1909), 드뷔시(Claude Debussy, 1862~1918), 뒤카(Paul Dukas, 1865~1935)를 비롯하여 생상스(Camille Saint-Saëns, 1835~1921), 라벨(Maurice Ravel, 1875~1937), 뚜리나(Joaquín Turina, 1882~1949), 그리고 스트라빈스키(Igor Stravinsky, 1882～1971) 등 동시대의 여러 작곡가와 친분 관계를 맺으며 음악가로서 실력을 향상시키며 성숙해졌다.

1914년, 스페인으로 돌아온 그는 발레곡 '주술에 걸린 사랑(El amor brujo)'과 '삼각모자(El sombrero de tres picos)' 그리고 피아노 협주곡 '스페인 정원의 밤(Noche en jardinesde España)' 등 여러 개의 대표곡들을 작곡했다.

1920년, 그라나다로 이주한 팔랴는 그곳에서 가르씨아 로르까(Federico García Lorca, 1898~1936)를 만나게 된다. 안달루시아 지방의 민요를 발굴하고 발전시키자는데 뜻을 모은 두 사람은 1922년 6월에 제1회 깐떼 혼도(Cante jondo) 콩쿠르를 개최했고 1923년, 인형극 '뻬드로 선생의 인형극(Retablo de Maese Pedro)'을 발표하기도 했다.

1939년, 스페인 내란이 끝난 해에, 그는 아르헨티나 부에노스아이레스에 있는 스페인 문화원의 초청 연주를 계기로 아르헨티나로 망명하여 1946년, 그의 70살 생일을 며칠 앞두고 생을 마감했다.

그의 대표 성악곡으로는 오페라 '짧은 인생(La vida breve)'과 스페인의 여러 지방의 민요를 주제로 작곡한 '일곱 개의 스페인 민요(Siete canciones populares españolas)'

가곡집이 있다. 이 가곡들은 스페인 가곡 중 세계적으로 가장 많이 연주되고 연구되는 모음곡 중 하나로 팔랴가 1914년 파리에 있을 때 작곡하여 그 이듬해인 1915년, 마드리드에서 자신이 직접 반주하고 소프라노 루이사 벨라(Luisa Vela)가 노래를 불러 초연했다.

대표적 가곡

곡명: Siete canciones popularaes españolas (일곱 개의 스페인 민요)	작 사
1. El paño moruno(무어인의 천)	무르시아 민요
2. Seguidilla murciana(무르시아의 세기딜랴)	
3. Asturiana(아스뚜리아나)	아스뚜리아 민요
4. Jota(호따)	아라곤 민요
5. Nana(자장가)	안달루시아 민요
6. Canción(노래)	그라나다 민요
7. Polo(뽈로)	안달루시아 민요

곡명: Canciones de juventud(청춘의 노래)	작 사
1. Preludios(전주곡)	뜨루에바 (Antonio de Trueba, 1819?~1889)
2. Olas gigantes(거대한 파도)	베케르(Gustavo Adolfo Bécquer, 1836~1870)
3. Dios mío, que sólo quedan los muertos! (신이여! 죽은 자들만 홀로 남았습니다!)	
4. Tus ojillos negros(당신의 검은 눈동자)	까스뜨로(Cristóbal de Castro, 1492?~1566)

곡명: Trois Mélodies(세 개의 노래)	작 사
1. Les colombes(비둘기)	고티에(Théophile Gautier, 1811~1872)
2. Chinoiserie(중국 여인)	
3. Séguidille(세기딜랴)	

'Siete canciones populares españolas(**일곱 개의 스페인 민요**)' **중에서**

El paño moruno(무어인의 천)[22]

[el páɲo moɾúno]

Popular de Murcia[23]

Al paño fino, en la tienda 가게에 있던 고운 천에
una mancha le cayó; 얼룩이 묻고 말았네.

Por menos precio se vende, 그 천은 헐값에 팔리네.
porque perdió su valor. ¡Ay! 더 이상 가치가 없으니. 아!

Al	paño	fino,	en	la tienda	una	mancha	le	cayó;
[al	páɲo	físno	en	la tjénda]	[úna	mánt͡ʃa	le	kaʝó]
에	천	고급	안에	가게	하나	얼룩	거기에	떨어졌다

Por	menos	precio	se vende	porque	perdió	su	valor,	¡Ay!
[por	ménos	pɾéθjo	se bénde]	[porke	perdjó	su	balóɾ]	[ái̯]
…으로	적은	가격	팔리다	왜냐하면	잃었다	그의	가치	아!

22) 여자의 순결을 고운 천에 비유하는 풍자적인 내용의 곡이다.
23) 스페인 남동부에 있는 무르시아(Murcia) 지방의 민요이다.

El paño moruno
[el páɲo morúno]

Popular de Murcia

Manuel de Falla

23 *grazioso e leggiero*

Al pa - - - ño fi - no,en la
[al pá ɲo fí no en la

f *p* 5

26

tien - da, Al pa - ño fi - no,en la
tjén da al pá ɲo fí no en la

leggiero

30

tien - da, U - na man - cha le ca -
tjén da ú na mán ʧa le ka

34 (♪=♪) *poco rit.* Tempo

yó; U - na man - cha le ca - yó
ʝó ú na mán ʧa le ka ʝó

Tempo

(♪=♪) *colla voce* *pp*

39
44
Por me - nos pre - cio se
por mé nos pré θjo se
poco f
p
leggiero
2 Ped.
49
ven - de Por me - nos pre - cio se ven - de, Por -
bén de por mé nos pré θjo se bén de por
54
poco rit.
que per - dió su va - lor Por - que per -
ke per djó su ba lór por ke per
colla voce

59

dió su va - lor

djó su ba lór

Tempo

pp

sordina sola

63

67

mf

¡A

á

p

legg.

72

y!

i]

senza rit.

2 Ped.

pp

'Siete canciones populares españolas(**일곱 개의 스페인 민요**)' **중에서**

Asturiana(아스뚜리아나)
[asturjána]

Popular de Asturia[24)]

Por ver si me consolaba,	행여나 내 마음을 달래줄까 싶어
arriméme a un pino verde,	푸르른 소나무에게 다가갔다네,
por ver si me consolaba.	행여나 내 마음을 달래줄까 싶어서.
Por verme llorar, lloraba,	내가 우는 모습을 보고 소나무도 울었다네.
y el pino como era verde,	소나무는 푸르렀기에
por verme llorar, ¡lloraba!	내가 우는 모습을 보고 따라 울었다네!

Por	ver	si	me	consolaba,
[por	bér	si	me	konsolába]
…으로 인해	보다	혹시	내가	위로받다

arriméme	a	un	pino	verde,
[ariméme	a‿	um	píno	bérde]
가다	에게	어떤	소나무	초록

Por	ver	me	llorar,	lloraba,
[por	bér	me	ʎorár	ʎorába]
…으로 인해	보다	나를	울다	울었다

y el	pino	como	era	verde,
[j‿ el	píno	komo	éra	bérde]
그리고	소나무	…하기에	였다	초록

24) 스페인 북부에 있는 아스뚜리아(Asturia) 지방의 민요이다.

Asturiana
[asturjána]

Popular de Asturia

Manuel de Falla

11
ba,
a - rri -
ba
a ri
pp
Ped.
13
mé - me a un pi - no ver -
mé me a um pí no bér
Ped.
15
de, por ver si me
de por bér si me
perdendosi
Ped.
Ped.
17
con - so - la - ba.
kon so lá ba
appena
rit.
p

20
Tempo
pp
Por ver -
por bér
22
me llo - rar, llo - - - ra -
me ʎo ɾár ʎo ɾá
Ped.
24
ba, yel pi -
ba j el pí
pp
Ped.
Ped.
26
no, co - mo e - ra ver -
no ko mo é ɾa bér
Ped.

28
poco rit.
de, por ver - me llo - rar, ¡llo - ra
de por bér me ʎo rár ʎo rá
colla voce
perdendosi
p
pp
Ped.
31
Tempo
ba!
ba
Tempo
dolcissimo
33
(appena rit.)
36
Tempo
pp morendo (poco rit.)

‘Siete canciones populares españolas(**일곱 개의 스페인 민요**)’ **중에서**

Canción[25](노래)
[kanθjón]

Popular de Granada[26]

Por traidores, tus ojos,	날 배신한 그대의 눈동자를
voy a enterrarlos;	나는 망각 속에 묻어버릴 것이오.
No sabes lo que cuesta, «Del aire»	소녀여, 그대의 눈을 바라보는 것이
niña, el mirarlos. «Madre a la orilla»	얼마나 고통스러운지 그대는 모를 것이오.
Dicen que no me quieres,	그대 날 사랑하지 않는다고들 하네,
ya me has querido......	지금껏 날 사랑했던 그대가…
váyase lo ganado, «Del aire»	사랑의 추억은 떠나라,
por lo perdido. «Madre a la orilla»	새로운 사랑을 위해

Por	traidores,	tus	ojos,
[por	tɾaidóɾes	tus_	óxos]
…으로	배신자	너의	눈

voy a	enterrarlos;
[bói a	enterárlos]
…할 것이다	묻다 그것들

25) 사랑의 실연을 노래한 것임에도 불구하고 반어적으로 구성되어 있어 곡의 흐름이 매우 경쾌할 뿐만 아니라 “con grazia(흥겹게)” 부르라고 되어 있다. 9마디~14마디, 24마디~28 마디에서 노래와 반주가 서로 주고받는 카논 형식으로 되어 있다.

26) 스페인 남부에 있는 그라나다(Granada) 지방의 민요이다.

No sabes	lo que	cuesta,	«Del aire»
[nó sábes	lo ke	kwésta	del_ áɪ̯ɾe]
(너는)모른다	그게 얼마나	힘든지	(추임새)

niña,	el mirarlos.	«Madre a la orilla»
níɲa	el miɾárlos	mádɾe a la oɾíʎa]
소녀	바라보다 그것들	(추임새)

Dicen	que	no	me	quieres,
[díθe ŋ	ke	nó	me	kjéɾes]
사람들은	말한다	안	나를	사랑하다

ya	me	has querido...
[ʤá[27]	me	ás keɾído]
이미	나를	사랑했었는데···

váyase	lo	ganado,	por	lo	perdido.
[báʝ̞ase	lo	ɡanádo]	[por	lo	perdído]
가거라	그것	얻은	~으로 인해	그것	잃어버린

---

27) ya[ʝ̞á]로 발음해도 된다.

Canción
[kanθjón]

Popular de Granada

Manuel de Falla

7
Come prima
o - jos, voy a en - te - rrar - los;
ó xos bói̯ a en te rár los
9
dolce marc.
No sa - bes lo que cues - ta, "Del ai - re"
nó sá bes lo ke kwés ta del_ái̯ ɾe
p
dolce marc.
11
appena rit.
ni - ña, el mi - rar - los, "Ma - dre, a la o - ri - lla"
ní ɲa el mi ɾár los má dɾe a la o ɾí ʎa
appena rit.
13
Tempo
breve
poco rit.
ni - ña, el mi - rar - los, "Ma - dre"
ní ɲa el mi ɾár los má dɾe
Tempo
breve
poco rit.

15
Tempo
Tempo
pp
17
Di - cen que no me
dí θeŋ ke nó me
19
senza rit.
quie - res, ya me has que - ri - do...
kjé ɾes ʤá me ás ke ɾí do
senza rit.
21
Di - cen que no me quie - res, ya me has ke -
dí θeŋ ke nó me kjé ɾes ʤá me ás ke

23

ri - do... vá - ya - se lo ga -
ɾi do bá ʝa se lo ga

25

na - do "Del ai - re" por lo per-di - do,
ná do del_ái ɾe por lo per dí do

dolce marc.

27 *poco rit. (gradualmente)* **Tempo**

"Ma - dre, a la o-ri - lla" por lo per-di - do, "Ma - dre"
má dɾe a la o ɾí ʎa por lo per dí do má dɾe]

poco rit. (gradualmente) **Tempo**

30

poco rit.

pp

Ⅲ. 닌
(Joaquín Nin y Castellanos, 1879~1949)

닌은 작곡가, 피아니스트 그리고 음악학자로 활동했었다. 그의 부모는 스페인 태생으로 당시 스페인 영토이던 쿠바로 이주하는 바람에 닌은 쿠바에서 태어났다.

1902년, 그는 파리로 가서 모스코프스키(Moritz Moszkowski, 1854~1925)에게 피아노를 배웠고 깐또룸 음악원(la Schola Cantorum)에서 뱅상 댕디(Vincent d'Indy, 1851~1931)에게 작곡을 배웠으며 1905년부터 1908년까지 그곳에서 피아노 교수로 재직했다.

1908년에서 1910년까지 독일 베를린에서 음악 활동을 하다 1910년 쿠바 아바나로 귀환해 쿠바뿐만 아니라 유럽과 중남미를 순회하며 피아노 연주회를 가졌었다.

그의 작품들은 스페인 바로크 음악과 프랑스 인상주의 음악에 영향을 받기도 했다. 그의 곡들은 대부분 스페인 민요 양식을 강하게 내포하고 있으나 몇몇 곡들은 쿠바의 춤곡 양식으로 작곡되었다.

그의 대표 가곡으로는 두 권으로 출판된 스페인의 각 지방의 민요를 주제로 한 '20개의 스페인 노래 (Vingt chants populaires espagnols)'가 있고, 역시 마찬가지로 두 권으로 출판된 스페인의 바로크 시대의 또나딜라(또나디야, Tonadilla)[28)]와 사르수엘라(Zarzuela)[29)]의 독창곡들을 모아 놓은 '14개의 스페인 고전 아리아 (14 Airs espagnols anciens)' 모음곡집이 있다.

그에게는 자녀가 셋이 있었는데 그중 외동 딸 아나이스 닌(Anaïs Nin, 1903~1977)은 유명한 여류 소설가로 활동했으며, 둘째 아들 닌 꿀멜(Joaquín Nin- Culmell, 1908~2004)은 아버지를 이어 작곡가로 활동하며 다수의 음악 작품들을 남겼다.

---

28) 또나딜라(또나디야)는 1771년~1850년에 있었던 가극으로 스페인의 풍습과 민속 음악을 다루었고 희극적이며 풍자적이었다. 초기에는 희극의 막간극으로 공연했으나 후에는 독립하여 공연하였다.

29) 사르수엘라는 오페레타와 유사한 스페인 가극이다. 1648년에 사르수엘라 궁전(Palacio de la Zarzuela)에서 시작되어 18세기부터는 대중 극장에서 공연을 하였다.

대표적 가곡

곡명: Vingt chants populaires espagnols (20개의 스페인 노래) 제1권	작 사
1. Tonada de Valdovinos(발도비노스의 노래)	16세기 까스띨랴 민요
2. Cantar(노래)	
3. Tonada de la niña perdida(방황하는 소녀의 노래)	
4. Montañesa(산의 여인)	까스띨랴 민요
5. Tonada del conde Sol(솔 백작의 노래)	무르시아 민요
6. Malagueña(말라게냐)	안달루시아 민요
7. Granadina(그라나디나)	
8. Saeta(사에따)	
9. Jota tortosina(또르또사의 호따)	또르또사 민요
10. Jota valenciana(발렌시아의 호따)	발렌시아 민요

곡명: Vingt chants populaires espagnols (20개의 스페인 노래) 제2권	작 사
1. Tres canciones gallegas I(세 개의 갈리시아 민요1)	갈리시아 민요
2. Tres canciones gallegas II(세 개의 갈리시아 민요2)	
3. Tres canciones gallegas III(세 개의 갈리시아 민요3)	
4. Asturiana(아스뚜리아나)	아스뚜리아 민요
5. Paño murciano(무르시아의 천)	무르시아 민요
6. Villancico catalán(까딸루냐의 빌랸시꼬)	까딸루냐 민요
7. El cant dels ocells(새들의 노래)	
8. El vito(엘 비또)	안달루시아 민요
9. Canto andaluz(안달루시아의 노래)	
10. El polo(엘 뽈로)	

곡명: 14 Airs espagnols anciens (14개의 스페인 고전 아리아) 제1권	작 사
1. Corazón que en prisión(포로가 된 마음)	마린(José Marín, 1619?~1699)
2. Desengañémonos ya···(이제 우리 진실을 밝힙시다)	
3. Cloris hermosa(아름다운 끌로리스)	두론(Sebastián Durón, 1660~1716)
4. Minué cantado(미뉴에트 노래)	바사(José Bassa, 1670? ~1730 ?)
5 Aria de Acis y Galatea(아시스와 갈라떼아의 아리아)	리떼레스(Antonio Literes, 1673~1747)
6. ¡Alma, sintamos!(영혼아, 우리 슬퍼하자!)	에스떼베(Pablo Esteve, 1730?~1794)
7. El jilguerito con pico de oro(금빛 부리의 방울새)	라세르나(Blas de Laserna, 1751~1816)

곡명: 14 Airs espagnols anciens (14개의 스페인 고전 아리아) 제2권	작 사
1. El amor es como un niño···(어린아이와 같은 사랑)	작가 미상
2. Tirana(띠라나 노래)	페레르(Guillermo Ferrer, 1730?~1790?)
3. A la jota(호따)	에스떼베(Pablo Esteve, 1730?~1794)
4. Tirana(띠라나 노래)	바사(José Bassa, 1670? ~1730 ?)
5. Por colación de seis abates(수사의 서원식)	리떼레스(Antonio Literes, 1673~1747)
6. Las majas de París(파리의 여인들)	에스떼베(Pablo Esteve, 1730?~1794)
7. Las majas madrileñas(마드리드의 여인들)	라세르나(Blas de Laserna, 1751~1816)

'Vingt chants populaires espagnols(20개의 스페인 노래)' 중에서

Montañesa(산의 여인)

[motaɲésa]

Popular de Castilla[30)]

Segaba yo aquella tarde	그날 오후 난 풀을 베고
y ella atropaba la yerba,	그녀는 풀을 묶고 있었네,
y estaba más colorada	그녀의 뺨은
morena y salada	무르익은 앵두보다 더 빨갰으며
que en su sazón las cerezas.	그녀는 매력적이었고 재치 있었네.
Cuatro pinos tiene tu pinar	그대의 숲에 있는 네 그루의 소나무는
y yo te los cuido,	내가 너를 위해 잘 보살피기에
cuatro majos los quieren cortar	네 명의 남자들이 베어 가고 싶어 하나
no se han atrevido.	내가 있어 감히 얼씬도 못하네.

Segaba	yo	aquella	tarde	y	ella	atropaba la	yerba,
[segába	ʝó	akéʎa	tárde]	[j‿	éʎa‿	atɾopába la	ʝérba]
자르다	나	그날	오후	그리고	그녀	묶다	풀

y	estaba	más	colorada	morena	y	salada
[j‿	estába	más	koloɾáda]	[moɾéna‿	i̯	saláda]
그리고	있었다	더욱	빨갛다	가무잡잡한	그리고	재치있는

30) 스페인 중부에 있는 까스띨랴(Castilla) 지방의 민요이다.

que	en	su	sazón	las cerezas
[ke‿	en	su	saθón	las θeɾéθas]
~에	있는	그것의	잘 익음	앵두

Cuatro	pinos	tiene	tu	pinar
[kwátɾo	pínos	tjéne	tu	pinár]
네(그루)	소나무	갖고 있다	그녀의	소나무 숲

y	yo	te	los	cuido	cuatro	majos	los	quieren	cortar
[i	ʝó	te	los	kwído]	[kwátɾo	máxos	los	kjéɾeŋ	kortár]
그래서	내가	나무들을		보살피다	네 명	남자	그것들	원하다	자르다

no se han ____	atrevido
[nó se án_	atɾebído]
(그들은) 못(하다)	감히 ~했다

Montañesa
[montaɲésa]

Popular de Castilla

Joaquín Nin

24
cresc.
ta - ba más co - lo - ra - da mo - re - na y sa -
tá ba más ko lo ɾá da mo ɾé na i sa
mf
cresc.

28
meno f
la - da que en su sa -
lá da ke en su sá
meno f

32
appena rit. - - - - -
zón las ce - re - zas
θón las θe ɾé θas
Allegro (𝅗𝅥.=60)
M.D. M.G.
f
appena rit

36
Moderato (♩=108)
Cua - tro pi - nos tie -
kwá tɾo pí nos tjé
M.D.
senza rit.
Moderato (♩=108)
pp

40
cresc.
ne tu pi - nar y yo te los cui - do
ne tu pi nár i ʝó te los kwí do
poco cresc.
dim.
44
più sonoro
cua tro ma - jos los quie - ren cor - tar no
kwá tro má xos los kjé ɾeŋ kor tár nó
f
48
dim.
appena rit
se han a - tre - vi - do
se án_ a tre bí do]
Lento (come prima)
dim. e appena rit.
pp ma cantando
Ped.
52
ri - tar - dan - do
Ped.
Ped.

'14 Airs espagnols anciens(14개의 스페인 고전 아리아)' 중에서

¡Alma, sintamos! [31] (영혼아, 우리 슬퍼하자!)
[álma sintámos]

Pablo Esteve[32]

¡Alma, sintamos!	영혼아, 우리 슬퍼하자!
¡Ojos, llorar!	눈이여, 눈물을 흘려라!
¡A mi Caramba	이미 죽은
que murió ya!	나의 까람바를 위해!
¡Ay, pobrecita!	아, 가엾은 여인이여!
Toda bondad,	작은 흠결 하나 없이,
que no tenía	착하기만 했던
pecado venial.	여인이여.

¡Alma,	sintamos!	¡Ojos,	llorar!	A	mi	Caramba	que	murió	ya!
[álma	sintámos]	[óxos	ʎorár]	[a	mi	karámba]	[ke	muɾjó	ʝá]
영혼	슬퍼하자	눈	울다	위해	나의	까람바	그녀	죽었다	이미

¡Ay,	pobrecita!	Toda	bondad,	que no tenía	pecado	venial
[ái̯	pobɾeθíta]	[tóda	bondád]	[ke nó tenía]	[pekádo	benjál]
아,	가엾은 여인	모든	착한	갖고 있지 않았다	죄	작은

31) 에스떼베(Pablo Esteve, 1730?~1794)가 작곡한 또나딜랴 '까람바의 죽음으로 상중에 있는 가리도(El luto de Garrido por la muerte de la Caramba)' 중에 나오는 독창곡이다. 에스떼베가 작곡한 기존의 선율에 닌이 자신만의 독특한 기법으로 반주 부분을 작곡했다.

32) 에스떼베는 18세기 스페인 또나딜랴의 대표 작곡가 중 한 명이다.

¡Alma, sintamos!
[álma sintámos]

Pablo Esteve

Joaquín Nin

17
mf
cres - - - - cen - - - do rit. - -
21
assai forte e vibrante
rit. - - - - -
26
p
¡Al - ma, sin - ta - mos! ¡O - jos, llo - rar!
[ál ma sin tá mos ó xos ʎo ɾár
pp
30
¡A mi Ca - ram - ba que mu - rió ya!
a mi ka ɾám ba ke mu ɾjó ʝá

34
piu f
¡Ay, po - bre - ci - ta! To - da bon - dad,
ái po bre θí ta tó da bon dád
pp
38
que no te - ní - a pe - ca - do ve - nial
ke nó te ní a pe ká do be njál
cresc. colla voce
42
più sonoro
¡Al - ma, sin - ta - mos! ¡O - jos, llo - rar!
ál ma sin tá mos ó xos ʎo ɾár
più sonoro
cresc.
46
cresc.
¡A mi ca - ram - ba que mu - rió ya!
a mi ka ɾám ba ke mu ɾjó já
poco rit.
cresc.

50

mp

rit.

¡A mi Ca - ram - ba que mu - rió ya!

a mi ka ɾám ba ke mu ɾjó ʝá

mf

cresc. colla voce

rit.

54

f

rit.

¡que mu - rió ya! ¡que mu - rió ya!

ke mu ɾjó ʝá ke mu ɾjó ʝá

f

rit.

a tempo (molto espressivo)

58

dim. poco

63

a poco e rit.

Ped.

8va bassa

ppp

Ⅳ. 뚜리나
(Joaquín Turina, 1882~1949)

뚜리나는 세빌랴(세비야) 태생의 작곡가로 4세부터 시창 청음을 배웠으며 12세부터 본격적으로 피아노와 화성학과 대위법을 배우기 시작했다.

1902년, 마드리드에 도착해 3년 동안 작곡과 피아노 공부 그리고 음악 활동을 하는 한 편 팔랴(파야)를 만나 친분 관계를 맺었다.

1905년, 파리로 건너가 깐또룸 음악원(Schola Cantorum)에서 모스코프스키(Moritz Moszkowski, 1854~1925)에게 피아노를, 그리고 댕디(Vincent d'Indy, 1851~1931)에게 작곡을 배웠다.

파리에서 만나 알게 된 스페인 작곡가 알베니스(Isaac Albéniz, 1860~1909)의 영향으로 뚜리나는 스페인 안달루시아 민속 음악을 주제로 한 국민주의 작곡가로서 길을 가게 되었다.

1913년, 스페인 마드리드로 돌아온 그는 작곡가, 연주자, 오케스트라 지휘자 그리고 음악 평론가로서 빛나는 활약을 펼쳤다. 또한 그는 마드리드 왕립 고등음악원(Real Conservatorio Superior de Música de Madrid) 작곡 교수로 재직했으며 스페인 국립오케스트라단을 창단해 음악 감독으로도 활동했다.

뚜리나는 다수의 가곡을 작곡했으며 그중 대표 작품으로는 '노래 형식의 시(Poema en forma de canciones)', '세 개의 노래(Tríptico)', '세 개의 시(Tres poemas)'가 있다.

'노래 형식의 시'는 뚜리나의 가곡 중에서 가장 많이 연주되고 연구되는 곡으로 모두 5개의 가곡으로 이루어져 있다. 첫 번째 곡은 피아노 독주이며 나머지 네 곡은 사랑을 주제로 한 가곡으로서 가사는 스페인 사실주의 시인인 깜뽀아모르(Ramón de Campoamor 1817~1901)의 시이다.

대표적 가곡

곡명: Poema en forma de canciones (노래 형식의 시)	작 사
1. Dedicatoria(헌정): 피아노 독주곡	깜뽀아모르(Ramón de Campoamor, 1817~1901)
2. Nunca olvida(결코 잊지 않으리)	
3. Cantares(노래)	
4. Los dos miedos(두 개의 두려움)	
5. Las locas por amor(사랑에 흠뻑 빠진 여인들)	

곡명: Tríptico(세 개의 노래)	작 사
1. Farruca(파루까)	깜뽀아모르(Ramón de Campoamor, 1817~1901)
2. Cantinela(노래)	두께 데 리바스(Duque de Rivas, 1791~1865)
3. Madrigal(마드리갈)	

곡명: Tres poemas(세 개의 시)	작 사
1. Olas gigantes(거대한 파도)	베케르(Gustavo Adolfo Bécquer, 1836~1870)
2. Tu pupila es azul(그대의 눈동자는 파랗구려)	
3. Besa el aura(여명은 입 맞추네)	

‘Poema en forma de canciones(**노래 형식의 시**)’ **중에서**

Nunca olvida(결코 잊지 않으리)
[núŋka olbída]

Ramón de Campoamor

Ya que este mundo abandono	이 세상을 저버리고
antes de dar cuenta a Dios,	하느님 앞에 서기 전
aquí para entre los dos	여기 우리 둘만 있을 때
mi confesión te diré.	그대에게 고백하리라.
Con toda el alma perdono	그동안 증오해왔던 자들조차도
hasta a los que siempre he odiado,	난 진심으로 용서할 것이오,
¡a ti que tanto he amado,	허나 너무나도 사랑했던 그대만큼은
nunca te perdonaré!	결코 용서하지 못 하리라.

Ya que		este	mundo	abandono
[ʤá[33]	ke‿	éste	múndo	abandóno]
…이므로		이	세상	저버리다

antes de		dar cuenta		a	Dios,
[ántes	de	dár	kwénta‿	a	djós]
…전에		정산하다		에게	하느님

aquí	para entre	los dos		mi	confesión	te	diré
[akí	paɾa éntɾe	los	dós]	[mi	konfesjón	te	diɾé]
여기	사이	두	사람	나의	고백을	네게	말하리

33) ya[ʝá]로 발음해도 된다.

Con toda	el alma	perdono				
[kon tóda	el_álma	perdóno]				
모두 다해	영혼	용서한다.				

hasta	a los que	siempre	he odiado,
[asta‿	a los ke	sjémpɾe‿	é odjádo]
까지도	사람들	항상	증오했던

¡a ti	que	tanto	he amado	nunca	te	perdonaré!
[a tí	ke	tánto	é amádo]	[núŋka	te	perdonaɾé]
너를	…한	아주	사랑했었다	절대(…않다)	너를	용서할 것이다.

Nunca olvida....

[núŋka olbída]

Ramón de Campoamor

Joaquín Turina

24
sión te di - ré
sjón te di ɾé
apasionado
8va
cresc. molto
f
dim.
30
p
Con to-da el al-ma per - do - no has-ta a los que siempre he o-
kon tó da el ál ma per dó no as ta a los ke sjémpɾ e é o
p
pp
34
f
dim
dia - do, ¡a ti que tan - to te he a - ma - do nun - ca te per - do - na-
djá do a tí ke tán to te é a má do núŋ ka te per do na
8va
cresc.
f
dim.
38
p
ré! ¡nun - ca te per - do - na - ré!
ɾé núŋ ka te per do na ɾé]
rit. hasta el fin
8va
p
pp
pp
Ped.

'Poema en forma de canciones(**노래 형식의 시**)' **중에서**

Cantares[34](노래)

[kantáres]

Ramón de Campoamor

¡Ay! Más cerca de mí te siento	아! 그대로부터 멀리 달아날수록
cuando más huyo de ti,	그대가 더 가까이 있는 듯합니다,
pues tu imagen es en mí,	그대의 모습은 내 마음속에
sombra de mi pensamiento.	그림자처럼 드리워져 있으니까요.
¡Ay! Vuélvemelo a decir,	아! 다시 한 번 말해주세요,
pues embelesado ayer	어젠 너무도 황홀해서
te escuchaba sin oír,	그대의 목소리가 안 들려도 들었고,
y te miraba sin ver ¡Ay!	그대의 모습이 안보여도 보았으니까요. 아!

¡Ay!	Más	cerca	de mí	te	siento
[ái̯]	[más	θérka	de mí	te	sjénto]
아!	더욱	가깝게	나에게서	너를	느낀다.

cuando	más	huyo	de ti,
[kwando	más_	úʝo	de tí]
…할 때	더	도망가다	너에 게서

34) 플라멩코 양식의 곡으로 화려한 멜리스마의 감탄사 '아(Ay)!'로 시작해 멜리스마로 마무리한다. 네 곡 중 가장 많이 불리는 곡이다.

pues	**tu**	**imagen**	**es**	**en**	**mí,**
[pwes	tw‿	imáxen_	és_	em‿	mí]
하기에	너의	모습	이다	안에	내

sombra	**de**	**mi**	**pensamiento.**
[sómbɾa	de	mi	pensamjénto]
그림자	의	나의	생각

¡Ay!	**Vuélvemelo**	**a**	**decir,**
[ái̯]	[bwélbemelo	a	deθír]
아!	다시 나에게	그걸	말하다.

pues	**embelesado**	**ayer**
[pwes_	embelesádo	ajér]
이기에	황홀한	어제

te	**escuchaba**	**sin**	**oír,**
[te‿	eskuʧába	sin_	oír]
너를	들었다	…없이	듣다

y	**te**	**miraba**	**sin**	**ver**	**¡Ay!**
[i	te	miɾába	sim	bér]	[ái̯]
그리고	너를	보았다	…없이	보다	아!

Cantares
[kantáɾes]

Ramón de Campoamor

Joaquín Turina

27

y!
i

33

¡A ______ y!
á i

41

Más cer-ca de mí te sien - to cuan-do más
más θér ka de mí te sjén to kwan do más_

48

hu-yo de ti pues tu i-ma - gen es em mí es em
ú ʝo de tí pwes twi má xen_ és_em mí és_em

55
mí
mí
som-bra de mi pen-sa-mien- to
sóm bra de mi pen sa mjén to
som-bra de
sóm bra de
cediendo un
62
mi pen-sa- mien - to
mi pen sa mjén to
poco
sfr
68
p
¡A y!
á i
76
Allegretto
Vuél -ve-me-lo a de- cir
bwél be me lo a de θír
Vuél -ve-me-lo a de- cir
bwél be me lo a de θír
p

mf
pues em be-le-sa-do a -yer te escu - cha-ba sin o - ír
pwes_ em be le sá do a ʝér te esku tʃá ba sin_ o ír
cresc. molto
f
y te mi-ra-ba sin ver y te mi-ra-ba sin
i te mi ɾá ba sim bér i te mi ɾá ba sim
8va
cediendo
rit.
Allegro vivo
ver
bér
p
¡A
á
ff
cresc. molto
y!
i]

'Poema en forma de canciones(**노래 형식의 시**)' **중에서**

Las locas por amor(사랑에 흠뻑 빠진 여인들)
[las lókas poɾ_ amor]

Ramón de Campoamor

Te amaré, diosa Venus, si prefieres	사랑하리, 비너스 여신이여! 그대 원한다면
que te ame mucho tiempo y con cordura.	오랫동안 세심하게 그대를 사랑하리.
Y respondió la diosa de Citeres:	그러자 사이프러스의 여신이 대답했네.
Prefiero, como todas las mujeres,	이 세상 모든 여자들과 마찬가지로, 나도
que me amen poco tiempo y con locura.	짧고 불꽃과 같은 사랑을 나누고 싶답니다.

Te	amaré,	diosa	Venus,	si	prefieres
[te	amaɾé	djósa	bénus	si	pɾefjéɾes]
너를	사랑하리	여신	비너스	만약	원하다

que	te	ame	mucho	tiempo	y	con	cordura
[ke	te	áme	múʧo	tjémpo‿	i	koŋ	kordúɾa]
…하길	너를	사랑하다	오랜	기간	그리고	갖고	세심함

Y	respondió	la diosa	de	Citeres:	Prefiero,	como	todas	las mujeres,
[i	respondjó	la djósa	de	θitéɾes]	[pɾefjéɾo	komo	tódas	las muxéɾes]
그러자	대답했다	여신	의사	이프러스	원한다	…처럼	모든	여인들

que	me	amen	poco	tiempo	y	con	locura
[ke	me	ámem	póko	tjémpo‿	i	kon	lokúɾa]
…하길	나를	사랑하다	짧은	기간	그리고	으로	미친듯이

Las locas por amor
[las lókas por_ amór]

Ramón de Campoamor

Joaquín Turina

Ve nus
bé nus
Tea-ma-ré dio-sa Ve-
tea ma ɾé djó sa bé
nus si pre-fie-res que te a-me mu-cho tiem-poy con cor-
nus si pɾe fjé ɾes ke te á me mú t͡ʃo tjém poi̯ koŋ kor
du ra
dú ɾa

35
p
Y res -pon -dió la dio -sa de Ci -
i res pon djó la djó sa de θi
8va
tr
Ped.
40
te res:
té ɾes
(tr)
ff cantando
46
p
Pre - fie - ro co -mo to-das las mu-
pre fjé ɾo ko mo tó das las mu
sfr
pp
52
cresc.
je - res que me a-men po-co tiem-poy con lo - cu
xé ɾes ke me á mem pó ko tjém poi kon lo kú
cresc.

59
ra
ɾa
8va
tr
f
tr
f
64
pp
Tea-ma - ré
tea ma ɾé
dio - sa
djó sa
f
68
cresc. molto
f
Ve
bé
nus
nus
8va
cresc. molto
f
72
Tea-ma - ré
te a ma ɾé]
8va
cediendo
8va

V. 오브라도르스
(Fernando Jaum Obradors, 1897~1945)

바르셀로나 태생의 국민주의 작곡가 오브라도르스는 어머니에게 처음으로 피아노를 배우기 시작했고 화성학, 대위법, 작곡을 독학으로 깨우쳤다.

이후, 까딸루냐 출신의 작곡가인 그리뇬(J. Lamote de Grignon, 1872~1949)과 안또니오 니꼴라우(Antonio Nicolau, 1858~1933)로부터 작곡을 배웠다.

그는 바르셀로나뿐만 아니라 그란 까나리아 섬에서 오케스트라 지휘자로서 활동을 했었고 라스 빨마스 음악원에서 교수로 재직했었다. 그의 대표적인 가곡은 1921년과 1941년 사이에 작곡한 4권의 '스페인 고전 가곡(Canciones clásicas españolas)'이다. 이 곡들은 스페인의 정서를 서정적이면서 화려하게 잘 나타내고 있으며 가사는 스페인 고전시, 민중시, 민족시 그리고 현대시가 그 중심을 이루고 있다.

4권의 모음곡 중 가장 많이 사랑을 받으며 연주되고 있는 가곡은 제1권에 포함된 7개의 가곡들로서 다음과 같다.

대표적 가곡

곡명: Canciones clásicas españolas I (스페인 고전 가곡 1)	작 사
1. La mi sola, Laureola(오직 나만의 라우레올라)	뽄쎄(Juan Ponce, 1476? ~ 1520?)
2. Al amor(사랑으로)	까스띨레호(Cristóbal de Castillejo, 1490~1550)
3. ¿Corazón, por qué pasáis....?(내 마음은 어찌하여…)	작가 미상
4. El majo celoso(질투에 찬 젊은이)	
5. Con amores, la mi madre(사랑 안에서, 어머니)	안치에따(Juan de Anchieta, 1462?~1523)
6. Dos cantares populares(두 편의 민요) 또는 Del cabello más sutil(가장 부드러운 머리칼)	작가 미상
7. Coplas de Curro Dulce(꾸로 둘세의 노래)	보이가스(Francisco Fernández Boigas, 1825?~?)

'Canciones clásicas españolas I (**스페인 고전 가곡 1**)' **중에서**

Con amores, la mi madre[35](사랑 안에서, 어머니)

[kon_ amóɾes la mi máðɾe]

Juan de Anchieta[36]

Con amores, la mi madre,	사랑 안에서, 어머니
con amores me dormí;	사랑과 함께 난 잠들었어요,
Así dormida soñaba	그렇게 잠든 나는 꿈속에
lo que el corazón velaba,	내 마음 속에 간직했던 것을 보았어요,
que el amor me consolaba	꿈속에서 사랑은 내 마음을
con más bien que merecí.	넘치도록 달래주었죠.
Adormecióme el favor	사랑이 내게 베풀어준 따뜻한
que amor me dió con amor;	마음 덕분에 나는 고이 잠들었지요,
Dió descanso a mi dolor	내가 사랑에게 바쳤던 믿음 덕분에
la fe con que le serví.	고통스러운 마음에 안식이 찾아왔지요.

35) 어머니의 깊은 사랑에 대한 이사벨 여왕의 감사하는 마음이 짙게 배어나오는 곡으로 안치에따(Juan de Anchieta, 1462?~1523)는 그가 섬겼던 이사벨 여왕(Isabel I de Castilla, 1451~1504)을 위해 이 곡을 작사 및 작곡을 했다. 오브라도르스는 안치에따가 쓴 시는 그대로 놔두고 새롭게 작곡을 하여 안치에따의 곡과는 분위기가 사뭇 다르다.

36) 안치에따는 15세기 말과 16세기 초, 스페인 종교와 세속 다성 음악에 중요한 역할을 한 사제이자 작곡가였다.

Con	amores,	la mi	madre,	con	amores	me dormí;
[kon_	amóɾes	la mi	mádɾe]	[kon_	amóɾes	me dormí]
으로	사랑들	나의	어머니	으로	사랑들	나는 잤다

Así	dormida	soñaba,	lo que	el	corazón	velaba.
[así	dormída	soɲába]	[lo ke‿	el	koɾaθóm	belába]
이렇게	잠들어서	꿈꾸었다	그것		마음	간직하다

que el	amor	me	consolaba	con	más bien	que	merecí.
[ke‿el	amór	me	consolába]	[kom‿	más bjéŋ	ke	meɾeθí]
…을	사랑	나를	위로하다	으로	오히려	…보다	받을 가치가 있다

Adormecióme	el	favor	que	amor	me	dió	con	amor;
[adormeθjóme‿	el	fabór]	[ke	amór	me	djó	kon_	amór]
잠재웠다	나를	덕	…하여	사랑	내게	주다	으로	사랑

Dió	descanso	a	mi	dolor	la fe	con que	le	serví.
[djó	deskánso	a	mi	dolór]	[la fé	koŋ ke	le	serbí]
주었다	안식	에게	나의	아픔	믿음	으로	그것을	섬겼다

Con amores, la mi madre...

[Kon_ amóres la mi mádre]

Fernando J. Obradors

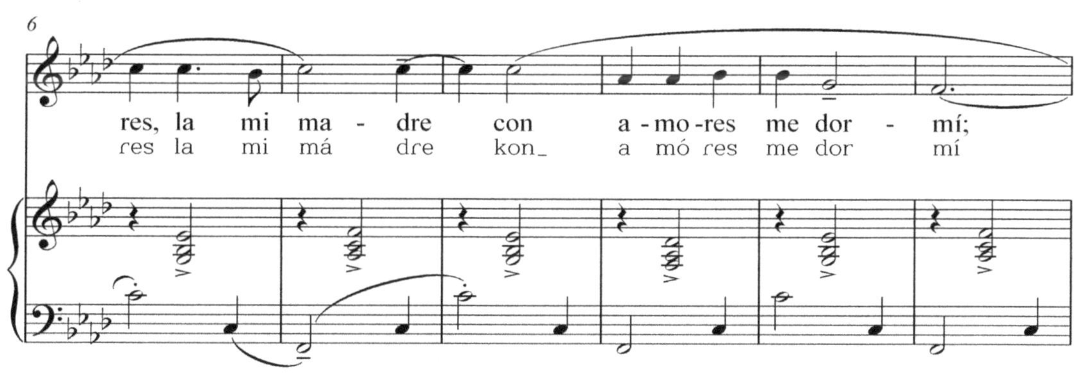

18
zón ve - la - ba queel a - mor me con - so -
θóm be lá ba ke el a mór me kon so
23
la - ba con más bien que me - re - cí
lá ba kom más bjéŋ ke me ɾe θí
rall.
29
A - dor - me - cio - me el fa - vor que a - mor me dió con a -
a dor me θjó me el fa bór ke a mór me djó kon a
35
mor; Dió des - can - so a mi do - lor
mór djó des kán so a mi do lór

41
la fe con que le ser - ví
Con a - mo
la fé koŋ ke le ser bí
kon_ a mó
pp
46
res, la mi ma - dre con a - mo - res me dor -
ɾes la mi má dɾe kon_ a mó ɾes me dor
51
mí!
mí]
un poco accell.
56
rall.
Ped.

'Canciones clásicas españolas I (스페인 고전가곡 1)' 중에서

Dos cantares populares[37](두 편의 민요)
[dós kantáɾes populáɾes]

Anónimo[38]

Del cabello más sutil	그대의 땋은 머리에서
que tienes en tu trenzada,	가장 고운 머리카락으로
he de hacer una cadena	밧줄을 하나 만들어
para traerte a mi lado.	그대를 내 곁으로 데려오리라.
Una alcarraza en tu casa,	소녀여, 난 그대 집에 있는
chiquilla, quisiera ser,	물병이 되고 싶소.
para besarte en la boca,	그대가 물을 마실 때
cuando fueras a beber. ¡Ah!	그대의 입술에 입맞춤하기 위해. 아!

Del	cabello	más	sutil
[del	kabéʎo	más‿	sutíl]
에서	머리카락	가장	고운

que	tienes	en	tu	trenzada,
[ke	tjénes_	en	tu	tɾenθáda]
…한	갖고 있다	안에	너의	땋은 머리

37) 곡명이 가사의 첫 마디 '당신의 가장 고운 머리카락(Del cabello más sutil)'으로 되어 있기도 하다. 이 가곡은 대중적인 시에 곡을 붙인 작품으로 스페인 가곡 중 가장 아름답고 가장 많이 연주되는 곡 중 하나이다.

38) 작사자는 미상이다.

he de	hacer	una	cadena
[é de	aθér_	úna	kadéna]
해야 한다	만들다	하나	줄(포승)

para	traerte	a	mi	lado.
[paɾa	tɾaérte	a	mi	ládo]
위해	데려오다 너를	에게	내	곁

Una	alcarraza	en	tu	casa,
[úna‿	alkaráθa	en	tu	kása]
하나	물병	안	너의	집

chiquilla,	quisiera	ser,
[ʧikíʎa	kisjéɾa	séɾ]
소녀	나는 원한다	…이 되다

para	besarte	en	la	boca,
[paɾa	besárte‿	en	la	bóka]
위하여	입맞추다 네게	에		입술

cuando	fueras a	beber.	¡Ah!
[kwando	fwéɾas_a	bebéɾ]	[á]
…할 때	하려 하다	마시다	아!

Dos cantares populares

[dós kantáres populáres]

Anónimo F. Obradors

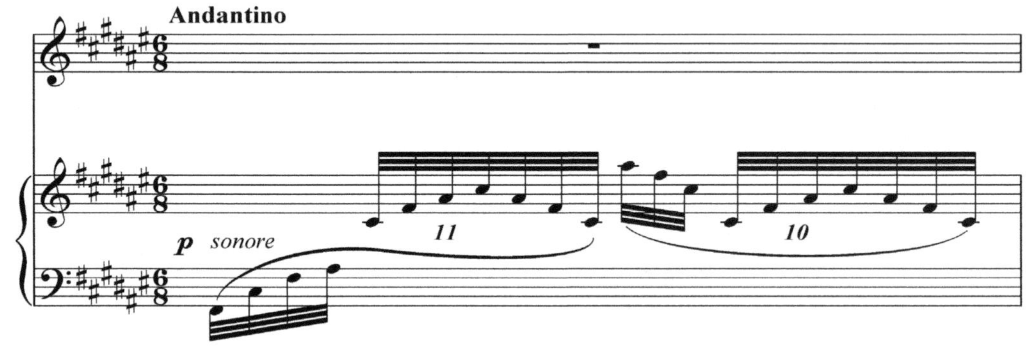

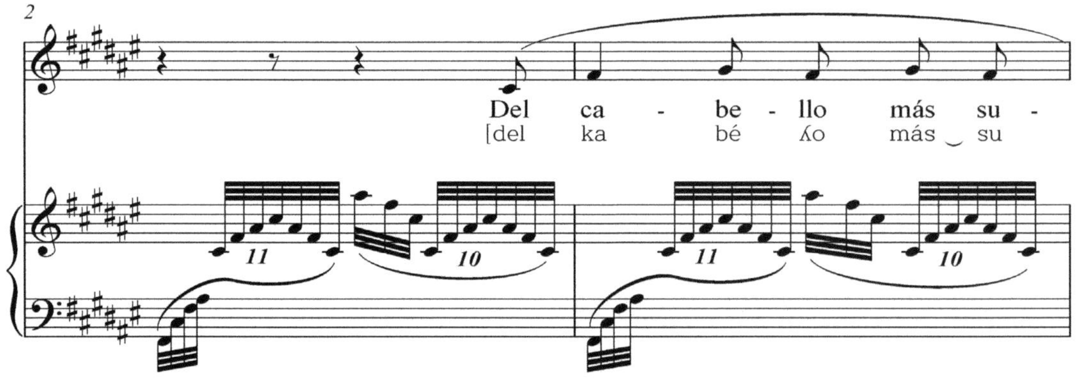

6
za - da, he de ha - cer u - na ca -
θá da é de a θér_ ú na ka
11
10
8
de - na pa - ra tra - er - te a mi
dé na pa ɾa tɾa éɾ te a mi
10
la - do U -
lá do ú
pressez
tr
na al - ca - rra - za en tu ca - - - sa chi -
na al ka rá θaen tu ká sa ʧi

15
qui - lla, qui - sie - ra ser pa -
kí ʎa ki sjé ɾa sér pa
17
ra be - sar - te en la bo - ca, cuan - do
ɾa be sár te en la bó ka kwan do
19
fue - - ras a be - ber
fwé ɾas_a be bér
Ped.
❋ Ped.
21
Ah!
á]
tr
pressez
PPP trés doux

‘Canciones clásicas españolas III (**스페인 고전가곡** 3)’ **중에서**

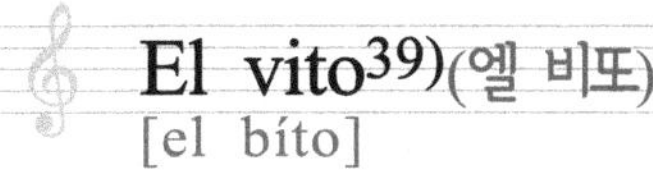

El vito[39](엘 비또)

[el bíto]

Popular de Andalucía[40]

Una vieja vale un real[41]	노파는 은화 한 닢이고
y una muchacha dos cuartos,	소녀는 은화 반 닢이라네.
pero como soy tan pobre	허나 나는 워낙 가난한지라
me voy a lo más barato.	싼 쪽을 택하겠네.
Con el vito vito vito.	비또, 비또, 비또
Con el vito vito va.	비또 춤을 추며 가네.
No me haga ‘usté’ cosquillas	‘자기’ 나를 간질이지 말아요.
que me pongo ‘colorá’ ¡Ah!	얼굴이 ‘홍당무’가 되잖아요. 아!

Una	vieja	vale	un	real
[úna	bjéxa	bále	ún	reál]
하나	노파	값이 나가다	한	레알

y	una	muchacha	dos	cuartos
[j‿	úna	muʧáʧa	dós	kwártos]
그리고	하나	아가씨	이	사분의

---

39) ‘엘 비또’는 3/8 박자의 경쾌하고 빠른 안달루시아 지방의 춤, 노래, 음악을 포함한 민요로서 가사와 선율이 약간씩 다른 여러 버전으로 되어 있다. 오브라도르스의 ‘엘 비또’는 대중들에게 가장 많이 알려지고 연주되는 곡이다.

40) 스페인 안달루시아(Andalucía) 지방의 민요이다.

41) 과거 스페인(16~19세기 중반)의 은화 단위.

pero	como	soy	tan	pobre
[peɾo	komo	sói̯	tám	póbɾe]
그러나	…이니	(나는)이다	아주	가난한

me	voy	a	lo	más	barato.
[me	bói̯	a	lo	más	baɾáto]
나는	간다	에게	것	가장	저렴한

Con	el	vito	vito	va.
[kon_	el	bíto	bíto	bá]
함께		비또	비또	간다

No	me	haga	'usté'	cosquillas
[nó	me	ága‿	u̯sté	koskíʎas]
안	나에게	하다	당신	간지럼

que	me pongo	'colorá'	¡Ah!
[ke	me póŋgo	koloɾá]	[á]
하여	나는 …되다	빨갛게	아!

El vito
[el bíto]

Popular de Andalucía

Fernando J. Obradors

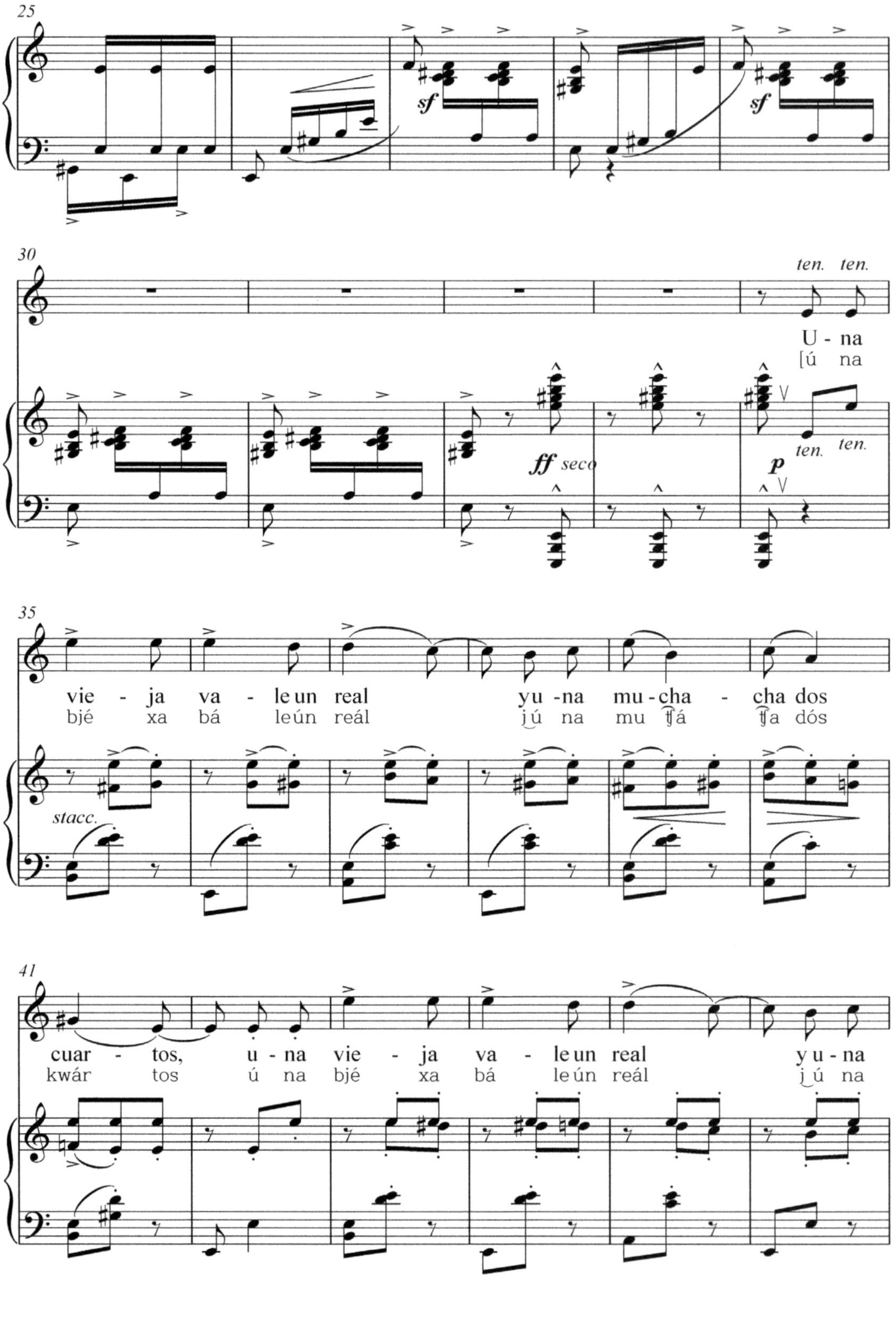
25
sf
sf
30
ten. ten.
U - na
[ú na
ff seco
p
ten. ten.
35
vie - ja va - le un real yu - na mu - cha - cha dos
bjé xa bá leún reál júna mu ʧá ʧa dós
stacc.
41
cuar - tos, u - na vie - ja va - le un real y u - na
kwár tos ú na bjé xa bá leún reál jú na

47

mu-cha - cha dos cuar - tos, pe-ro co - mo soy tan

mu ʧá ʧa dós kwár tos pe ɾo ko mo sói̯ tám

pp

53

po - bre me voy a lo más ba - ra - to, pe-ro

pó bɾe me bói̯ a lo más ba ɾá to pe ɾo

59

co - mo soy tan po - bre me voy a lo más ba -

ko mo sói̯ tám pó bɾe me bói̯ a lo más ba

65

ra - to.

ɾá to

Tempo I

p

sf p

f

marcado

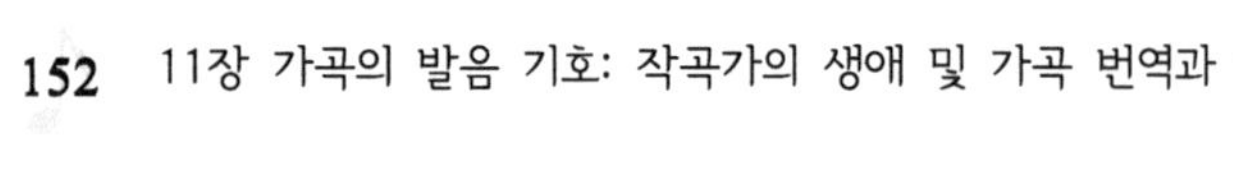

70

f *marcado*

75

sf *sf* *sf* *sf* *ff seco*

81

ten. ten.

Con el vi - to, vi - to, vi - to,

kon_ el bí to bí to bí to

ff seco *ff seco* ten. ten. *p ligero*

86

con el vi - to, vi - to va. Con el

kon_ el bí to bí to bá kon_el

8va loco

91
vi - to, vi - to, vi - to, con el vi - to, vi - to
bí to bí to bí to kon_el bí to bí to
97
va. No me ha - ga"us - té" cos - qui - llas que me
vá nó me á ga us té kos kí ʎas ke me
pp stacc.
103
pon - go "co - lo - rá" No me ha - ga"us -
póŋ go ko lo ɾá nó me á ga us
108
té" cos - qui - llas que me pon - go "co - lo -
té kos kí ʎas ke me póŋ go ko lo

113
rá"
ɾá
118
123
ff
¡Ah!
á]
ff
p cresc.
128
ff

Ⅵ. 로르까
(Federico García Lorca, 1898~1936)

그라나다 태생의 로르까는 작곡가이기 이전 20세기 스페인 문학 세계와 연극 세계에서 가장 영향력 있고 가장 많은 사랑을 받았던 시인이자 극작가이다.

음악에 재능이 있었던 로르까는 2세 때부터 그라나다의 민요들을 아주 잘 불렀을 뿐 아니라, 어려서부터 피아노와 기타를 배웠다.

1919년부터 1928년까지 로르까는 마드리드에 있는 레시덴시아 데 에스뚜디안떼스 학교 (Residencia de estudiantes)에서 유학 생활을 했다. 이때 그는 마드리드뿐만 아니라 고향인 그라나다에서도 시인과 극작가로서 활발한 활동을 했다.

1922년, 로르까는 당시 그라나다로 거처를 옮겨 살고 있던 마누엘 데 팔랴(파야)와 우정을 나누었다. 플라멩코에 대한 깊은 열정을 가지고 있던 두 사람은 힘을 합쳐 제1회 '깐떼 혼도(Cante jondo)' 콩쿠르를 개최했고, 1923년, 인형극 '뻬드로 선생님의 인형극(Retablo de Maese Pedro)'을 발표하기도 했다.

그는 스페인의 민요곡들을 수집하고 편곡하여 '스페인 고전 노래(Canciones españolas antiguas)' 모음곡을 출간했다. 이 모음집에 수록된 곡들은 대부분 스페인 사람들의 근원적인 정서를 바탕으로 한 것이어서, 듣는 이들의 마음에 깊은 울림을 주기에 부족함이 없었다. 그 덕분에 오늘날까지도 그의 곡들은 대중들뿐만 아니라 클래식, 플라멩코, 대중 가수들에 의해 연주되고 있으며 사랑을 받고 있다.

뿐만 아니라 스페인 민중들의 삶의 애환과 심리를 음악적으로 표현한 그의 수 십 편의 시들은 스페인뿐만 아니라 세계 여러 나라(이탈리아, 캐나다, 미국, 콜롬비아, 칠레, 우루과이 등)의 다양한 분야의 작곡가들, 즉 클래식, 플라멩코, 대중가요 작곡가들에 의해서 작곡되었고 연주되고 있다. 대표곡으로 '집시의 노래(Romancero gitano: 합창과 기타를 위한 작품, 작곡: Mario Castelnuovo)', '부정한 유부녀(La casada infiel: 가곡, 작곡: Fernando Obradors)', 초록색아, 난 네가 좋아(Verde que te quiero verde: 플라멩코 가요, 작곡: Manzanita)', '비엔나의 소박한 왈츠(Pequeño vals vienés: 대중가요, 작곡: Leonard Cohen)' 등이 있다.

스페인 내전이 일어난 지 한 달 후인 1936년 8월 19일, 공화파였던 로르까는 팔랑헤 당원들에 의해 총살당하는 비운을 겪었다.

대표적 편곡

곡명: Canciones españolas antiguas (스페인 고전 노래)	작 사
1. Anda, jaleo(안다, 할레오)	안달루시아 민요
2. Los cuatro muleros(네 명의 노새몰이꾼)	
3. Las tres hojas(세 개의 잎)	
4. Las morillas de Jaén(하엔의 무어 여인들)	
5. Sevillanas del siglo XVIII(18세기 세빌랴 민요)	
6. El café de Chinitas(치니따스 까페)	
7. Nana de Sevilla(세빌랴의 자장가)	
8. Los pelegrinitos(순례자)	
9. Zorongo(소롱고)	
10. La Tarara(라 따라라)	
11. Los reyes de la baraja(트럼프 속의 왕들)	
12. Los mozos de Monleón(몬레온의 남자들)	까스띨랴 이 레온 민요
13. Romance de Don Boyso(돈 보이소의 노래)	

‘Canciones españolas antiguas(**스페인 고전 노래**)’ **중에서**

Las morillas de Jaén[42](하엔의 무어 여인들)

[las moɾíʎas de xaén]

Popular de Andalucía del siglo XV[43]

Tres morillas me enamoran	하엔에서 만난 세 명의 무어 여인에게
en Jaén:	마음을 빼앗기고 말았네.
Axa y Fátima y Marién.	악사와 파띠마와 마리엔
Tres morillas tan garridas	세 명의 아리따운 무어 여인들이
iban a coger olivas,	하엔으로 올리브 열매를 따러 갔다네,
y hallábanlas cogidas	그런데 누군가 이미
en Jaén:	따가 버렸다네.
Axa y Fátima y Marién,	악사와 파띠마와 마리엔,
y hallábanlas cogidas	그런데 누군가 따가 버렸다네
y tornaban desmaídas	온몸에 맥이 풀리고
y las colores perdidas	얼굴엔 핏기가 사라졌다네.
en Jaén:	하엔의
Axa y Fátima y Marién,	악사와 파띠마와 마리엔,
Tres morillas tan lozanas,	세 명의 아주 발랄한 무어 여인들이,
iban a coger manzanas	하엔으로
en Jaén:	사과를 따러 갔네,

42) 이 곡은 스페인 르네상스 시대의 주요 가곡집 중에 하나인 ‘왕궁의 가곡집(Cancionero de Palacio)에 수록된 ‘세헬(Zéjel)’ 양식의 민요이다. 곡의 배경은 이슬람 교도인 무어인들이 711년~1492년까지 가톨릭 국가인 스페인에서 왕국을 이루며 살았던 때의 이야기로, 로르까는 민요의 원래 가사를 약간 바꾸어 편곡했다.

43) 15세기 안달루시아 지방의 민요이다.

Axa y Fátima y Marién.	악사와 파띠마와 마리엔.
Dijeles: ¿Quién sois, señoras,	난 그녀들에게 물었네: 내 마음을
de mi vida robadoras?	빼앗아 간 그대들은 누구신가요?
Cristianas que éramos moras	하엔에 사는
en Jaén	무어인이었지만 기독교로 개종한
Axa y Fátima y Marién.	악사와 파띠마와 마리엔이에요.

Tres	morillas	me enamoran	en	Jaén:
[tɾés	moɾíʎas	me‿enamóɾan_	eŋ	xaén]
세 명	무어 여인	사랑에 빠지다	에서	하엔

Axa	y	Fátima	y	Marién	Tres	morillas	tan	garridas
[áksa‿i̯		fátima‿ i̯		maɾjén]	[tɾés	moɾíʎas	táŋ	ɡaɾídas]
악사	와	파띠마	와	마리엔	세 명	무어 여인	아주	아리따운

iban a	coger	olivas,	y	hallábanlas	cogidas	en	Jaén:
[íban_a	koxéɾ_	olíbas]	[j‿	aʎábanlas	koxídas_	eŋ	xaén]
하러 가다	따다	올리브 열매	허나	발견했다	따간	에서	하엔

y	tornaban	desmaídas	y	las	colores	perdidas	en	Jaén:
[i	tornában	desmaídas]	[i	las	kolóɾes	perdídas_	eŋ	xaén]
그래서	돌아왔다	맥이 풀린	그리고		빛깔	없어지다	에서	하엔

Tres	morillas	tan	lozanas,
[tɾés	moɾíʎas	tán	loθánas]
세 명	무어 여인	아주	발랄한

iban a	coger	manzanas	en	Jaén
[íban_a	koxéɾ	manθánas_	eŋ	xaén]
하러 가다	따다	사과	에서	하엔

Dijeles:	¿Quién	sois,	señoras,
[dixéles	kjén	sói̯s‿	seɲóɾas]
말했다 그녀들에게	누구	이신가요	부인(그대)들

de mi	vida	robadoras?
[de mi	bída	robadóɾas]
나의	생명	훔친 사람들

Cristianas	que éramos	moras	en	Jaén
[kɾistjánas	ke‿éɾamos	móɾas_	eŋ	xaén]
기독교인	이었다	무어인	에서	하엔

Las morillas de Jaén
[las morí ʎas de xaén]

16
rit.
ten.
y ha-llá-ban-las co - gi-das en Ja-én: A-xay Fá-ti-may Ma - rién.
j a ʎá ban las ko xí das_eŋ xa én á ksai̯ fá ti mai̯ ma ɾjén
i ban a co-ger man - za-nas en Ja-én A-xay Fá-ti-ma y Ma - rién
í ban a ko xér man θá nas_eŋ xa én á ksai̯ fá ti mai̯ ma ɾjén
19
a tempo
y ha-llá-ban-las co-gi - das y tor-na-ban des-ma-í - das
j a ʎá ban las ko xí das i tor ná ban des ma í das
Di-je-les: ¿Quién sois, se - ño - ras, de mi vi-da ro-ba-do-ras?
di xé les kjén sói̯s se ɲó ɾas de mi bí da ro ba dó ɾas
23
y las co-lo-res per-di-das en Ja-én: Axa y Fá-ti ma y Ma-rién
i las ko ló ɾes per dí das_en xa én áksai̯ fá ti mai̯ ma ɾjén
Cris tia nas que é-ra-mos mo-ras en Ja-én: Axa y Fá-ti ma y Ma-rién
Kɾis tjá nas ke é ɾa mos mó ɾas_en xa én áksai̯ fá ti mai̯ ma ɾjén

Allegro mucho

26

p

31

Tres mo - ri - llas mee-na -
trés mo ɾí ʎas me‿e na

mf

35

rit.

mo-ran en Ja - én A-xay Fá - ti-ma y Ma - rién
mó ɾan‿eŋ xa én á ksai̯ fá ti mai̯ ma ɾjén]

Allegro

ten.rit.

mf

39

rit. mucho

‘Canciones españolas antiguas(**스페인 고전 노래**)’ **중에서**

El café de Chinitas[44](치니따스 까페)
[el kafé de ʧinítas]

Popular de Andalucía[45]

En el café de Chinitas	치니따스 까페에서
dijo Paquiro a su hermano;	빠끼로가 동생에게 말했다네.
“Soy más valiente que tú,	“난 너보다 더 용감할 뿐 아니라,
más torero y más gitano”	더 투우사답고, 더 집시답지”
En el café de Chinitas	치니따스 까페에서
dijo Paquiro a Frascuelo;	빠끼로가 프라스꾸엘로에게 말했다네.
“Soy más valiente que tú,	“난 너보다 더 용감할 뿐 아니라,
más gitano y más torero”	더 투우사답고, 더 집시답지“
Sacó Paquiro el reló	빠끼로는 시계를 꺼내며
y dijo de esta manera;	이렇게 말했다네.
“Este toro ha de morir	“4시 반이 되기 전에
antes de las cuatro y media”	이 소는 반드시 죽을 거야”
Al dar las cuatro en la calle	거리의 시계가 4시를 알리자
se salieron del café;	모두가 카페 문을 나섰다네.
Y era Paquiro en la calle	거리로 나온 빠끼로는
un torero de cartel.	포스터에 나온 바로 그 투우사였다네.

44) 이 곡에 나오는 'Café de Chinitas'는 1850년 Málaga(말라가)에서 처음으로 문을 열었던 플라멩코 노래와 춤이 공연되었던 까페였다(오늘날에는 마드리드에 있음). 곡에 등장하는 빠끼로(Paquiro, 1805~1851)와 프라스꾸엘로(Frascuelo, 1842~1898)는 당시 유명했던 투우사의 애칭이다.

45) 안달루시아(Andalucía) 지방의 말라가(Málaga) 민요이다.

En	el	café	de	Chinitas
[en_	el	kafé	de	ʧinítas]
에서		카페	의	치니따스

1. dijo	Paquiro	a	su	hermano;	2. dijo	Paquiro	a	Frascuelo;
[díxo	pakíɾo	a	sw‿	ermáno]	[díxo	pakíɾo	a	fɾaskwélo]
말했다	빠끼로가	에게	그의	동생	말했다	빠끼로가	에게	프라스꾸엘로

1. "Soy	más	valiente	que	tú,	más	torero	y	más	gitano"
[sói̯	más	baljénte	ke	tú]	[más	toɾéɾo‿i̯		más	xitáno]
나는…이다	더	용감하다	…보다	너	더	투우사	그리고	더	집시

2. "Soy	más	valiente	que	tú,	más	gitano	y	más	torero"
[sói̯	más	baljénte	ke	tú]	[más	xitáno‿i̯		más	toɾéɾo]
나는…이다	더	용감하다	…보다	너	더	집시	그리고	더	투우사

3. Sacó	Paquiro	el reló	y	dijo	de esta manera;
[sakó	pakíɾo	el reló]	[i	díxo	de‿ésta manéɾa]
꺼냈다	빠끼로	시계	그리고	말했다.	이런 방식으로

"Este	toro	ha de	morir	antes de	las cuatro y media"
[éste	tóɾo	á de	moɾíɾ]	[ántes de	las kwátɾo‿i̯ médja]
이	소는	…할 것이다	죽다	전에	4시 반

4. Al dar	las cuatro	en	la calle	se	salieron	del	café;
[al dáɾ	las kwátɾo	en	la káʎe]	[se	saljéɾon	del	kafé]
알릴 때	4시	에서	길	그들은	나왔다	에서	까페

Y	era	Paquiro	en	la calle	un	torero	de	cartel.
[j ‿	éɾa	pakíɾo	en	la káʎe]	[ún	toɾéɾo	de	kaɾtél]
그리고	였다	빠끼로	에	길	하나	투우사	의	포스터

El café de Chinitas

[el kafé de t͡ʃinítas]

Popular de Andalucía

F. García Lorca

En el
[en_el

25

1. ca - - fé de Chi - ni - tas di - jo Pa -
ka fé de ʧi ní tas dí xo pa
2. ca - - fé de Chi - ni - tas di - jo Pa -
ka fé de ʧi ní tas dí xo pa

29

qui - ro a su her - ma - no; En el ca - - fé de Chi -
kí ɾo a sw‿er má no en‿el ká fe de ʧi
qui - ro a Fras - cue - lo; En el ca - - fé de Chi -
kí ɾo a fɾas kwé lo en‿el ka fé de ʧi

33

ni - tas di - jo Pa - qui - ro a su her - ma - no;
ní tas dí xo pá ki ɾoa sw‿er má no
ni - tas di - jo Pa - qui - ro a Fras - cue - lo;
ní tas dí xo pá ki ɾoa fɾas kwé lo

Soy más va - lien - te que tú más to - re - ro y
sói̯ más ba ljén te ke tú más to ɾé ɾo‿ i̯
Soy más va - lien - te que tú más gi - tá - no y
sói̯ más ba ljén te ke tú más xi tá no‿ i̯
más gi - tá - no. Soy más va - lien - te que
más xi tá no sói̯ más ba ljén te ke
más to - re - ro. Soy más va - lien - te que
más to ɾé ɾo sói̯ más ba ljén te ke
1.2.
tú más to - re - ro y más gi - ta - no. 2. En el
tú más to ɾé ɾo‿i̯ más xi tá no en‿el
tú más gi - ta - no y más to - re - ro. 3. Sa-có
tú más xi tá no‿i̯ más to ɾé ɾo sa kó

49
3.Pa - - qui - ro el re - ló y di - jo
pa kí ɾo el re ló i dí xo
4.las cua - tro en la ca - lle se sa - lie -
las kwá tro en la ká ʎe se sa ljé

53
dees-ta ma - ne - ra; Sa - có Pa - - qui - ro el re -
deés ta ma né ɾa sa kó pa kí ɾo el re
ron del ca - fé; Al dar las cua-tro en la
ɾon del ka fé al dár las kwá tro en la

57
3
ló y di - jo de es-ta ma - ne ra;
ló i dí xo deés ta ma né ɾa
ca - lle se sa - lie - ron del ca - fé;
ka ʎe se sa ljé ɾon del ká fé

61
"Es - te to - ro ha de mo - rir an - tes de las
és te to ɾo á de mo ɾír án tes de las
Y e - ra Pa - qui - ro en la ca - lle un to - re - ro
jé ɾa pa kí ɾo en la ká ʎe un to ɾé ɾo

65
cua - tro y me - dia" "Es - te to - ro ha de mo -
kwá tro i mé dja és te to ɾo á de mo
de car - tel. Ye - ra Pa - qui - ro en la
de kar tél jé ɾa pa kí ɾo en la

69
3.
rir an - tes de las cua - tro y me - dia" 4. Al dar
ɾír án tes de las kwá tro i mé dja al dár
ca - lle un to - re - ro de car
ká ʎe un to ɾé ɾo de kar

73
4.
tel.
tél
4.

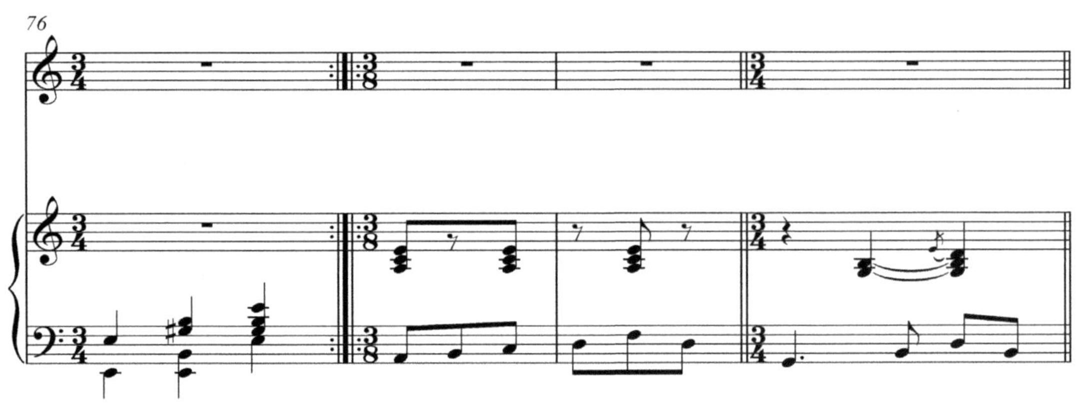
76

80
1.
2.
1.
2.

‘Canciones españolas antiguas(**스페인 고전 노래**)’ **중에서**

La Tarara(라 따라라)
[la taɾáɾa]

Popular de Andalucía[46)]

La Tarara, sí;	따라라, 맞아,
la Tarara, no;	따라라, 아니야
la Tarara, niña,	소녀 따라라를
que la he visto yo.	나는 보았네.
Lleva mi Tarara,	나의 따라라는
un vestido verde	많은 러플과
lleno de volantes	방울이 주렁주렁 달린
y de cascabeles.	초록색 원피스를 입고 있다네.
Luce mi Tarara	나의 따라라는
su cola de seda	금작화와
sobre las retamas	박하로 뒤덮인 풀밭 위에서
y la hierbabuena.	비단 치마 자락을 뽐낸다네.
Ay, Tarara loca	아! 말괄량이 따라라는
mueve la cintura	올리브 열매를 따는
para los muchachos	녀석들 보라고
de las aceitunas	허리를 흔들어대네.

46) 안달루시아 지방의 민요이다.

La	Tarara	sí,	La	Tarara	no,
[la	taɾáɾa	sí]	[la	taɾáɾa	nó]
	따라라,	맞아,		따라라,	아니야

la	Tarara,	niña,	que	la	he visto	yo.
[la	taɾáɾa	níɲa	ke	la	é bísto	ʝó]
	따라라	소녀		그녀를	보았네.	나는

1.	Lleva	mi	Tarara,	un	vestido	verde
	[ʎéba	mi	taɾáɾa]	[úm	bestído	bérde]
	입다	나의	따라라	하나	원피스	초록색

	lleno de	volantes	y	de	cascabeles.
	[ʎéno de	bolántes_	i	de	kaskabéles]
	많다	러플	그리고		방울

2.	Luce	mi	Tarara	su	cola	de	seda
	[lúθe	mi	taɾáɾa	su	kóla	de	séda]
	뽐내다	나의	따라라는	그녀의	꼬리		비단

	sobre las	retamas	y	la	hierbabuena.
	[sobɾe las	retámas_	i	la	ʝerbabwéna]
	에서	금작화	와		박하 풀

3.	Ay,	Tarara	loca	mueve	la	cintura
	[ái̯	taɾáɾa	lóka	mwébe	la	θintúɾa]
	아!	따라라	말괄량이(미친)	흔들다		허리

	para	los	muchachos	de	las	aceitunas.
	[paɾa	los	muʧáʧos	de	las_	aθei̯túnas]
	위해		소년들	의		올리브 열매

La Tarara
[la taɾáɾa]

Popular de Andalucía

Federico G. Lorca

15

de vo - lan - tes y de cas - ca - be - les. La Ta -
de bo lán tes_ i de kas ka bé les la ta

las re - ta - mas y la hier - ba - bue - na.
las re tá mas_ i la ɟer ba bwé na

los mu - cha - chos de las a - - cei - tu - nas.
los mu ʧá ʧos de las_ a θe̯i tú nas

19

ra - ra sí la Ta - ra - ra no, la Ta -
ɾá ɾa sí la ta ɾá ɾa nó la ta

23

ra - - ra ni - ña que la he vis - to yo.
ɾá ɾa ní ɲa ke la é bís to ɟó]

Ⅶ. 로드리고

(Joaquín Rodrigo, 1901~1999)

로드리고는 3세 때 디프테리아를 앓아 시력을 잃었음에도 불구하고 8살 때부터 시창 청음 등 음악 기초 및 바이올린, 피아노, 화성학과 작곡을 배웠다.

1927년, 파리로 유학을 간 로드리고는 에꼴 노르말 드 뮈지끄(École Normale de Musique)에서 뒤카(Paul Dukas, 1865~1935)에게 작곡을 배우며 피아니스트와 작곡가로서 인정을 받게 되었다. 또한 파리에서 라벨(Maurice Ravel, 1875~1937), 팔랴(파야 Falla, 1876~1946), 스트라빈스키(Igor Stravinsky, 1882～1971)와 친분 관계를 맺기도 했다.

1936년, 부인과 함께 독일로 옮겨 간 그는 음악 활동을 계속하다가 1939년, 스페인 마드리드로 돌아왔다.

1940년 11월에 초연한 그의 대표작 '아랑후에스 협주곡(Concierto de Aranjuez)'은 내란으로 상처받은 스페인 국민들에게 위안과 희망을 주며 대성공을 거두었다.

그는 기악곡 외 수많은 성악곡을 작곡했으며 그중 대표 가곡은 다음과 같다.

대표적 가곡

곡명: Cuatro madrigales amatorios (네 개의 사랑의 마드리갈)	작 사
1. ¿Con qué la lavaré?(무엇으로 씻을까?)	바스께스 (Juan Vásquez 또는 Vázquez,1500?~1560?)
2. Vos me matasteis(당신은 내 마음을 앗아갔어요)	작가 미상
3. ¿De dónde venís, amore?(사랑아, 넌 어디서 왔니?)	바스께스(Juan Vásquez 또는 Vázquez,1500?~1560?)
4. De los álamos vengo, madre (포플러 나무 있는 곳에서 왔어요, 어머니)	

곡명: Cuatro canciones sefardíes (네 개의 세파르디 노래)	작 사
1. Respóndemos(우리에게 응답하소서)	작가 미상, 빅또리아 까미(Victoria Kamhi, 1905~1997) 개작
2. Una pastora yo ami(양치기 소녀를 사랑했네)	
3. Nani, nani(자장가)	
4. 'Morena' me llaman(나를 '갈색 피부의 여인'이라고 부르네)	

곡명: Doce canciones populares españolas (열두 개의 스페인 민요)	작 사
1. ¡Viva la novia y el novio!(신부와 신랑 만세!)	레온 민요
2. De ronda(세레나데)	
3. Una palomita blanca(한 마리의 흰 비둘기)	
4. Canción de baile con pandero (탬버린 치며 부르는 춤곡)	
5. Porque toco el pandero(탬버린을 치니까)	
6. Tararán(따라란)	꾸엥까 민요
7. En las montañas de Asturias(아스뚜리아 산에서)	
8. Estando yo en mi majada(집 안에만 있던 내가)	까세레스 민요
9. Adela(아델라)	그라나다 민요
10. En Jerez de la Frontera(헤레스 데 라 프론떼라에서)	시우닫 레알 민요
11. San Jose y María(성 요셉과 성녀 마리아)	바다호스 민요
12. Canción de cuna(자장가)	시우닫 레알 민요

곡 명	작 사
Cántico de las esposa(신부의 노래)	데 라 끄루스(San Juan de la Cruz, 1542~1591)

‘Cuatro canciones sefardíes(**네 개의 세파르디 노래**)’ **중에서**

Respóndemos[47](우리에게 응답해주소서)

[respóndemos]

Texto anónimo
Adaptado por Victoria Kamhi[48]

Respóndemos,	우리에게 응답해주소서,
Dio de Abraham,	아브라함의 하느님이여,
respóndemos.	우리에게 응답해주소서.
Respóndemos,	우리에게 응답해주소서,
El que respónde	뜻하신 때에
en la hora de voluntad,	응답해주시는 주여,
respóndemos.	우리에게 응답해주소서.

47) 이 곡은 세파르디(Sefardí) 양식의 곡으로 세파르디 언어인 라디노(ladino) 즉, 스페인 고어와 히브리어로 되어 있다. 세파르디란 1492년까지 이베리아 반도(스페인과 포르투갈)에 살았던 유태인 후손들을 일컫는 말이다. 세파르디의 어원은 구약성경 오바댜서 1장 20절에서 나오는 Sefarad(세파랏: 히브리어로 스페인 사람이라는 뜻임. 우리나라 성경엔 스바랏이라고 되어 있다.)에서 유래된 말이다.

라디노 딕션:

* ‘c’+ ‘e’, ‘i’	: [s]로 발음한다. 예) ce[se], ci[si], gracioso[ɡrasjózo]
* ‘s’	: 모음과 모음 사이에 올 경우 [z]에 가깝게 발음한다. 예) piadoso[pjadózo]
* ‘z’	: [z]로 발음한다. 예) pozo[pózo]
* ‘g’+‘e’, ‘i’	: [ʤ]로 발음한다. 예) ge[ʤe], gi[ʤi]
* ‘j’	: [ʒ]로 발음한다. 예) espejo[espéʒo]
* ‘ll’	: [j]로 발음한다. 예) aquella[akéja]
* ‘v’	: [v]로 발음한다. 예) pavor[pavór]
* ‘x’	: [ʃ]로 발음한다. 예) alexate[aleʃáte]

48) 작가 미상의 시를 터키 태생의 피아니스트이자 로드리고의 부인인 빅또리아 까미(Victoria Kamhi de Rodrigo, 1905~1997)가 개작했다.

Respóndemos,	우리에게 응답해주소서,
pavor de Yitshak,	이삭이 두려워했던 주여,
respóndemos.	우리에게 응답해주소서.
Respóndemos,	우리에게 응답해주소서,
El que respónde,	고통으로 몸부림 칠 때
en hora de angustia,	응답해주시는 주여,
respóndemos.	우리에게 응답해주소서.
Respóndemos,	우리에게 응답해주소서,
Fuerte de Yaakov,	야곱의 요새가 되셨던 주여,
respóndemos.	우리에게 응답해주소서.
Respóndemos,	우리에게 응답해주소서,
Dio de la merkava,	불병거의 하느님이여,
respóndemos.	우리에게 응답해주소서.
Respóndemos,	우리에게 응답해주소서,
O Padre piadoso	오, 자비롭고
y gracioso,	은혜로우신 아버지여,
respóndemos.	우리에게 응답해주소서.

Respóndemos,	Dio	de	Abraham,
[respóndemos]	[djó	de	abɾa‿ám]
우리에게 응답하소서	하느님	의	아브라함

Él que	respónde	en	la	hora	de	voluntad,
[él ke	respónde]	[en	la	óɾa	de	voluntád]
…하는 자	응답하시는	에		때	의	뜻

pavor	de	Yitshak,	el que	respónde,	en	hora	de	angustia,
[pavór	de	ʝitsák]	[el ke	respónde]	[en_	óɾa	de	aŋgústja]
두려움	의	이삭	…하는 자	대답	에	때	의	근심

Fuerte	de	Yaakov,	Dio	de	la	merkava,
[fwérte	de	ʝa‿akóv]	[djó	de	la	merkáva]
요새	의	야곱	하느님	의		불병거

O	Padre	piadoso	y	gracioso,
[ó	pádɾe	pjadózo]	[i	ɡɾasjózo]
오	아버지	자비로우신	그리고	은혜로우신

Respóndemos
[respóndemos]

12
mf
pa-vor de Yit-shak, ¡res-pón - de-mos! Res-pón - de-mos,
pa vór de ʝit sák res pón de mos res pón de mos

15
mf
el que res-pón - de en o-ra de an - gus - tia,
el ke res pón de en‿ ó ɾa de aŋ gús tja

17
ff
f
¡res-pón - de-mos! Res-pón - de-mos, Fuer - te de Ya-akov
res pón de mos res pón de mos fwér te de ʝa‿akóv

20
f
¡res - pón - de - mos! Res - pón - de - mos, Di - o de la mer - ka - va
res pón de mos res pón de mos dj ó de la mer ká va
23

mf
¡res - pón - de - mos! Res - pón - de - mos, O Pa - dre pi a - do -
res pón de mos res pón de mos o pá dre pj a dó

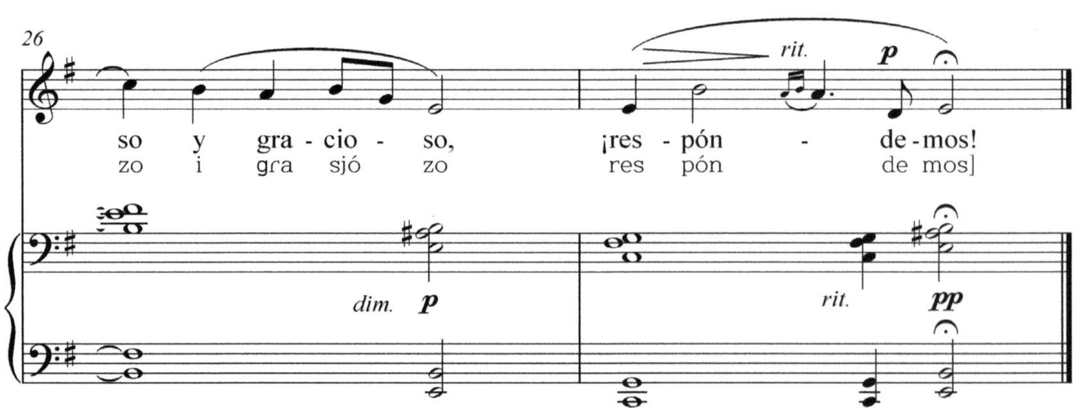
26
rit.
p
so y gra - cio - so, ¡res - pón - de - mos!
zo i gra sjó zo res pón de mos]
dim. p
rit. pp

'Cuatro madrigales amatorios(**네 개의 사랑의 마드리갈**)' **중에서**

¿De dónde venís, amore? (사랑아, 넌 어디서 왔니?)

[de dónde benís_ amóɾe]

Juan Vásquez[49)]

¿De dónde venís, amore? 사랑아, 넌 어디서 왔니?
bien sé yo de dónde. 난 네가 어디서 왔는지 잘 알지.

¿De dónde venís, amigo? 친구야, 넌 어디서 왔니?
fuere yo testigo. 난 너를 증명해 줄 수 있지.

¿De dónde	venís,	amore?	bien	sé	yo	de dónde.
[de dónde	benís_	amoɾe]	[bjén	sé	ʝó	de dónde]
어디에서	넌 왔니?	사랑	잘	알지	나는	어디에서

¿De dónde	venís,	amigo?	fuere	yo	testigo.
[de dónde	benís_	amiɡo]	[fwéɾe	ʝó	testíɡo]
어디에서	넌 왔니?	친구	되어 주다	나	증인, 증거

49) 바스께스(Juan Vásquez 또는 Vázquez, ?1500~?1560)는 사제이자 스페인 르네상스 시대의 대표 작곡가 중 한 사람이다. 그는 종교 음악뿐만 아니라 빌랸시꼬(villancico), 마드리갈(madrigal), 깐시온(canción) 등 여러 양식의 세속 음악을 작곡했다.

¿De dónde venis, amore?

[de dónde benís‿ amóɾe]

15
dón - de ve-nís, a - mo - re? Bien sé yo,
dón de be nís_a mó ɾe bjén sé ʝó
p
8va
19
bien sé yo de dón - de, bien sé yo de dón - de,
bjén se ʝó de dón de bjén sé ʝó de dón de
(8)
23
bien sé yo de dón - de.
bjén sé ʝó de dón de
mf
p
27
mf
¿De dón - de ve-nís, a-mi-go? Fue - re yo tes -
de dón de be nís_a mí go fwé ɾe ʝó tes
mf
p
8va
f

32

poco meno

p *f* *a tempo*

ti - go. fue - re yo tes - ti - go, fue - re yo tes -

tí go fwé ɾe jó tes tí go fwé ɾe jó tes

8va

poco meno

a tempo

pp *mf*

36

p

ti - go. Ah ah ah,

tí go á á á

8va

mf *pp* 8va *mf*

41

mf

Ah ah ah, bien sé yo de dón - de,

á á á bjén sé ʝó de dón de

8va

mf *mf*

45

ff rit

bien sé yo de dón - de, Ah ah ah de dón - de.

bjén sé jó de dón de á á á de dón de]

8va

mf *f* rit

'Cuatro madrigales amatorios(네 개의 사랑의 마드리갈)' 중에서

De los álamos vengo, madre(포플러나무가 있는 곳에서 왔어요, 어머니)
[de los_álamos béŋgo mádɾe]

Juan Vásquez

De los álamos vengo, madre 포플러나무가 있는 곳에서 왔어요, 어머니
de ver cómo los menea el aire 바람이 나무를 어떻게 흔드는지 보았지요.

De los álamos de Sevilla, 세빌랴의 포플러나무에서
de ver a mi linda amiga 어여쁜 제 여인을 만나고 왔어요.

De	los	álamos	vengo,	madre	
[de	los_	álamos	béŋgo	mádɾe]	
곳에서		포플러나무	왔어요	어머니	

de ver		cómo	los	menea	el aire
[de bér		kómo	los	menéa	el áiɾe]
보다		어떻게	그것들을	흔들다	바람

De	los	álamos	de	Sevilla,
[de	los_	álamos	de	sebíʎa]
곳에서		포플러나무	의	세빌랴

de ver	a	mi	linda	amiga
[de bér_	a	mi	línda‿	amíga]
보다(만나다)	를	나의	어여쁜	여인(여자 친구)

De los álamos vengo, madre

[de los_ álamos béŋgo mádɾe]

Juan Vásquez

Joaquín Rodrigo

15
De los á - la-mos ven - go, ma
[de los_ á la mos béŋ go má
20
dre, de ver có - mo los me - ne - ael
dɾe de bér kó mo los me né ael
25
ai - re.
ái ɾe
30
De los á - la-mos
de los_ á la mos

35
ven - go, ma - - dre, de ver
béŋ go má dɾe de bér

40
có - mo los me - ne - a el ai ___ re.
kó mo los me né a el áḭ ɾe

44
mf
De los á - la-mos ven - go, ma ___
de los‿ á la mos béŋ go má

p

49
dre, de ver có - mo los me
dɾe de bér kó mo los me

53
cresc.
ne - a el ai re.
né a el ái re
cresc.
57
f
¡ah! De los
á de los
mf
61
á - la-mos ven - go, ma - - dre,
á la mos béŋ go má dre
66
de ver có - mo los me - ne - a el ai
de bér kó mo los me né a el ái

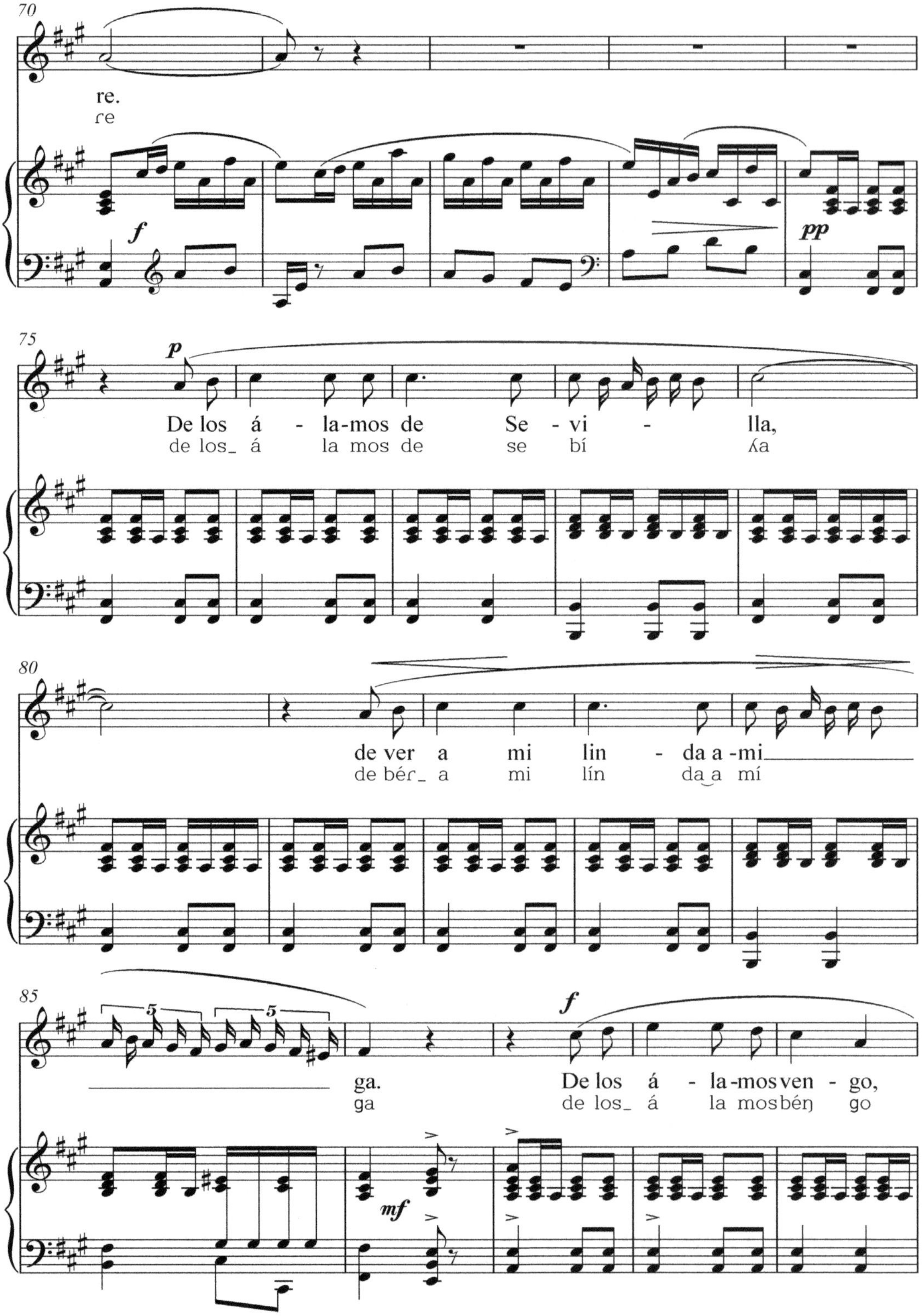
70
re.
ɾe
75
De los á - la-mos de Se - vi - lla,
de los‿ á la mos de se bí ʎa
80
de ver a mi lin - da a -mi
de béɾ‿ a mi lín da‿a mí
85
ga. De los á - la-mos ven - go,
ga de los‿ á la mos béŋ go

90
ma - - dre,
má dre
de ver có - mo los me-
de bér kó mo los me
95
ne - a el ai - - re.
né a el ái re
De los á - la-mos
de los á la mos
f
100
de Se - vi - - lla,
de se bí ʎa
p
de ver a mi lin - daa-
de bér a mi lín daa
8va
pp
105
5
pp
mi ga.
mí ga]
(8)
rit.

참 고 문 헌

(1) 강진희 (2008), 성악도를 위한 독일어 딕션, 음악춘추사.
(2) 김동운 (2007), 성악인을 위한 독일예술가곡 노래말 사전 I, 서울, 도서출판지음.
(3) 배주채 (2007), 한국어의 발음, 서울, 삼경문화사.
(4) 심선화 (2010), 성악가들을 위한 프랑스어 딕션과 예술가곡, 서울, 청림출판.
(5) 유연창 (2002), Total 스페인어 문법, 서울, 삼영서관.
(6) 이호영 (2003), 국어음성학, 서울, 태학사.
(7) 이현복 (2005), 한국어 표준발음사전, 서울, 서울대학교출판부.
(8) 한국가곡연구소 (2011), 외국인을 위한 한국가곡, 서울, 국학자료원.
(9) Castel, Nico (1994), A Singer's Manual of Spanish Lyric Dicion, New York, Excalibur Publishing.
(10) Celdrán, Eugenio (1989), Fonética, Barcelona, Teide.
(11) Celdrán, Eugenio y Fernández, Ana María.(2007), Manual de fonética española, Barcelona, Ariel.
(12) Garrido, J. M., Machuca, M. J., y de la Mota, C. (1998), Prácticas de fonética. Lengua española I., Bellaterra, Universitat Autònoma de Barcelona.
(13) LaBouff, Kathryn, 김방술, 김민지 옮김 (2008), 성악인을 위한 영어 딕션, 서울, 음악춘추사.
(14) Navarro, Tomás (1990), Manual de pronunciación española, Madrid, CSIC.
(15) Quilis, Antonio (2000), Principios de fonología y fonética españoals, Arco Libros, S. L.
(16) Quilis, Antonio y Fernández, Joseph (1975), Curso de fonética y fonología españolas para estudiantes angloamericanos, Madrid, CSIC.
(17) Ramos, Noelia M. (2007), Yeísmo para no yeístas: "¿Lluvia o yuvia?". La duda del estudiante italiano, Granada, FIAPE. II Congreso internacional: Una lengua, muchas culturas. Università degli Studi del Molise.
(18) Universidad Alcalá de Henares (2008), Diccionario para la enseñanza lengua española, Barcelona, Larousse editorial, S. L.
(19) Canepari, Luciano (2008), Dizionario di pronuncia italiana, http://venus.unive.it/canipa/pdf/DiPI_3_A-Z.pdf

(20) Canepari, Luciano, Pronunce straniere dell'italiano,
http://venus.unive.it/canipa/pdf/02_2_Spagna.pdf
(21) http://eleonoracastelli.suite101.net/clasificacion-de-los-adverbios-en-espanol-a68767
(22) http://es.wikipedia.org/wiki/Alfabeto_Fon%C3%A9tico_Internacional
(23) http://es.wikipedia.org/wiki/Enrique_Granados
(24) http://es.wikipedia.org/wiki/Joaqu%C3%ADn_Nin
(25) http://frdic.naver.com/
(26) http://pdf.rincondelvago.com/enrique-granados.html
(27) http://roble.pntic.mec.es/msanto1/lengua/1pronomb.htm
(28) http://www.biografiasyvidas.com/biografia/n/nin_joaquin.htm
(29) http://www.escueladigital.com.uy/espaniol/8_preposic.htm
(30) http://www.garcia-lorca.org/_common/AvisoLegal.aspx
(31) http://www.joaquin-rodrigo.com/
(32) http://www.joaquinturina.com/biography.html
(33) http://www.manueldefalla.com/
(34) http://www.sierradesanpedro.org/lenguaylit/adjetivos.htm
(35) http://www.uiowa.edu/~acadtech/phonetics/english/frameset.html
(36) http://www.uiowa.edu/~acadtech/phonetics/german/frameset.html
(37) http://www.uiowa.edu/~acadtech/phonetics/spanish/frameset.html
(38) http://www.wordreference.com/definicion/
(39) http://www4.didael.it/dit4/dit_40/it/common/fonetica/alfabeto/alfabeto.html

[저자약력] **김미성**

- 서울대학교 음악대학 성악과 졸업
- 성신여자대학교 음악대학 성악과 대학원 졸업
- 스페인 마드리드 고등성악학교(Escuela Superior de Canto de Madrid) 졸업
- 마드리드 아우또노마 대학(Universidad Autónoma de Madrid) 음악학 박사과정 수료.

성악가를 위한
스페인어 딕션

2023년 2월 28일 인쇄 발행

저　　자 김미성
발 행 인 송기수
발 행 처 도서출판 GS인터비전
편 집 처 도서출판 GS인터비전
인 쇄 처 GS인터비전
등록번호 제 25100-2016-000050 호
I S B N 979-11-5576-423-7(93770)

주　　소 서울 은평구 증산로 15길 69 2층
전　　화 02-976-7898
팩　　스 02-6468-7898
홈페이지 gsintervision.co.kr
E-Mail gsinter7@gmail.com

정 가　22,000원